Adultos Não-alfabetizados
em uma Sociedade Letrada

EDITORA AFILIADA

Coordenador Editorial de Educação:
Valdemar Sguissardi

Conselho Editorial de Educação:
José Cerchi Fusari
Marcos Antonio Lorieri
Marcos Cezar de Freitas
Marli André
Pedro Goergen
Terezinha Azerêdo Rios
Vitor Henrique Paro

Dados Internacionais de Catalogação na Publicação (CIP)
(Câmara Brasileira do Livro, SP, Brasil)

Tfouni, Leda Verdiani
  Adultos não-alfabetizados em uma sociedade letrada / Leda Verdiani Tfouni. — Ed. rev. — São Paulo : Cortez, 2006.

  Bibliografia.
  ISBN 85-249-1231-6

  1. Alfabetização (Educação de adultos) 2. Analfabetos 3. Escrita 4. Letramento I. Título.

06-4440   CDD-374.0124

Índices para catálogo sistemático:

1. Adultos não-alfabetizados : Letramento :
   Educação de adultos   374.0124
2. Escrita : Alfabetização de adultos : Educação
   374.0124

Leda Verdiani Tfouni

Adultos Não-alfabetizados em uma Sociedade Letrada

Edição revista

CORTEZ EDITORA

ADULTOS NÃO-ALFABETIZADOS EM UMA SOCIEDADE LETRADA
Leda Verdiani Tfouni

Capa: Estúdio Graal
Preparação de originais: Jaci Dantas
Revisão: Maria de Lourdes de Almeida
Composição: Dany Editora Ltda.
Coordenação editorial: Danilo A. Q. Morales

Nenhuma parte desta obra pode ser reproduzida ou duplicada sem autorização expressa da autora e do editor.

© 2006 by Autora

Direitos para esta edição
CORTEZ EDITORA
Rua Bartira, 317 — Perdizes
05009-000 — São Paulo-SP
Tel.: (11) 3864-0111   Fax: (11) 3864-4290
E-mail: cortez@cortezeditora.com.br
www.cortezeditora.com.br

Impresso no Brasil — setembro de 2006

"Uso a palavra para compor meus silêncios.
Não gosto das palavras
fatigadas de informar.
Dou mais respeito
às que vivem de barriga no chão
tipo água pedra sapo.
Entendo bem o sotaque das águas.
Dou respeito às coisas desimportantes
e aos seres desimportantes."

Manoel de Barros

Sumário

Apresentação 9

Introdução 11

   Capítulo I □ Aspectos teóricos 29

   Capítulo II □ Produção de sincretismos 47

   Capítulo III □ Atividade metaprocedimental em não-alfabetizados 93

   Capítulo IV □ Comentários finais 129

Referências bibliográficas 145

Apresentação

Este livro nasceu de uma pesquisa de doutoramento realizada em bairros periféricos da cidade de Ribeirão Preto com adultos não-alfabetizados. Ele representa um esforço pioneiro no sentido de desfazer a visão etnocêntrica tradicional que as Ciências Humanas propagam sobre aqueles que não dominam a escrita. Assentado na Lingüística, especificamente nas teorias da enunciação, o texto aqui apresentado dialoga às avessas com o cognitivismo psicológico e propõe contra-argumentos às teorias que apregoam uma relação direta entre desenvolvimento (qualquer que seja o sentido em que o termo seja tomado), capacidade cognitiva, e inteligência (ou funções mentais superiores). Trata-se de uma reedição modificada de uma publicação anterior (*Adultos não-alfabetizados: O avesso do avesso*, Pontes Editores, 1988), já esgotada. O período histórico em que a pesquisa foi realizada e o primeiro livro publicado coincidem com o momento do aparecimento do conceito de letramento no Brasil. Nesse sentido, é um trabalho inaugural, onde se usa esse conceito talvez pela primeira vez em um livro no Brasil.

Introdução

Apesar de estarem indissoluvelmente e inevitavelmente ligados entre si, escrita, alfabetização e letramento nem sempre têm sido enfocados como um conjunto pelos estudiosos. Diria, inicialmente, que a relação entre eles é aquela do produto e do processo: enquanto que os sistemas de escritura são um *produto* cultural, a alfabetização e o letramento são *processos* de aquisição de um sistema escrito.

A alfabetização refere-se à aquisição da escrita enquanto aprendizagem de habilidades para leitura, escrita e as chamadas práticas de linguagem. Isto é levado a efeito, em geral, através do processo de escolarização, e, portanto, da instrução formal. A alfabetização pertence, assim, ao âmbito do *individual*.

O letramento, por sua vez, focaliza os *aspectos sócio-históricos* da aquisição da escrita. Entre outros casos, procura estudar e descrever o que ocorre nas sociedades quando adotam um sistema de escritura de maneira restrita ou generalizada; procura, ainda, saber quais práticas psicossociais substituem as práticas letradas em sociedades ágrafas. Deste modo, o letramento tem por objetivo investigar não somente quem é alfabetizado, mas também quem não é, e, neste sentido, desliga-se de verificar o individual, e centraliza-se no social mais amplo. A seguir farei comentários mais específicos sobre os três componentes deste tema. Adianto no entanto que a questão não se esgota aqui; pelo contrário, ela apenas se inicia.

Escrita

A escrita é o produto cultural por excelência[1]

É, de fato, o resultado tão exemplar da atividade humana sobre o mundo, que o livro, subproduto mais acabado da escrita, é tomado como uma metáfora do corpo humano: fala-se nas "orelhas" do livro; na sua página de "rosto"; nas notas de "rodapé"; e o "capítulo" nada mais é do que a "cabeça" em latim.

Historicamente, a escrita data de cerca de 5.000 anos antes de Cristo. O processo de difusão e adoção dos sistemas escritos pelas sociedades antigas, no entanto, foi lento, e sujeito, é óbvio, a fatores político-econômicos. O mesmo se pode dizer sobre os tipos de códigos escritos criados pelo homem: pictográficos, ideográficos ou fonéticos, todos eles, quer simbolizem diretamente os referentes concretos, quer simbolizem o "pensamento" (ou "idéias"), ou ainda os sons da fala, não são produtos neutros; são, antes, resultado das relações de poder e dominação que existem em toda sociedade. Falarei mais detalhadamente sobre este aspecto a seguir.

Costuma-se pensar que a escrita tem por finalidade difundir as idéias (principalmente a escrita impressa). No entanto, em muitos casos, ela funcionou, e ainda funciona, com o objetivo inverso, qual seja: ocultar, para garantir o poder àqueles que a ela têm acesso. Serve como ilustração o caso da Índia, onde a escrita esteve intimamente ligada aos textos sagrados, que só eram acessíveis aos sacerdotes, e aos "iniciados", isto é, aqueles que passavam por um longo processo de "preparação" (que era, no fundo, a garantia de que poderiam ler esses mesmos textos guardando segredo deles). Aliás, o caráter hermético de algumas religiões, bem como seus segredos e seus poderes, estão relacionados com o maior ou menor controle sobre seus textos escritos. Relativamente recente é o caso do catolicismo, que,

---

1. Uso o termo "cultura" aqui no sentido do materialismo dialético, onde estão embutidas as categorias: consciência (atividade reflexiva); poder de decisão; proposição de finalidades pessoais; historicidade; construção e transformação da natureza.

quando premido pelo avanço de religiões protestantes, resolveu "popularizar-se", e a primeira providência nesse sentido foi traduzir os textos sagrados, que antes eram em latim, para as línguas vernáculas...

Na China temos outro exemplo dessa não-neutralidade, agora relativo ao tipo de código escrito adotado: o sistema ideográfico da escrita chinesa funcionou durante séculos como forma de garantir o poder aos burocratas e aos religiosos (confucionistas). Com efeito, tanto a quantidade elevada quanto o grau de sofisticação dos ideogramas são barreiras que impedem que as pessoas do povo possam aprender a ler e escrever. Kathleen Gough (1968), falando sobre a questão, relata que "(...) apesar de a escrita alfabética ser conhecida dos chineses desde o século II d.C., eles se recusaram a aceitá-la até a época atual (...) provavelmente porque (...) seu código mais desajeitado (...) havia, há séculos, se tornado o meio de expressão de uma vasta produção literária, *além de estar inextricavelmente ligado às instituições religiosas e de ser aceito como marca distintiva das classes educadas*". (p. 72, tradução e grifos meus)[2] Outra evidência de que não é casual a relação entre a resistência de algumas classes sociais chinesas à adoção do alfabeto e a manutenção dessa sociedade em estado feudal até recentemente, é apresentada por Jack Goody (1968), quando cita um poeta revolucionário chinês, Hsiao San, que fez a seguinte denúncia: "Na realidade, a escrita hieroglífica nada mais é que um sobrevivente arcaico da época feudal, um símbolo da escravidão de séculos, uma arma para a escravização das massas trabalhadoras pela classe dirigente". (p. 23) E Mao Tsé-Tung (ainda citado por Goody) declarou, em 1951, que "(...) A linguagem escrita deve ser reformada; ela deve seguir a direção comum da fonetização, a mesma que foi seguida pelas línguas do mundo" (p. 24).

Se a escrita está associada, desde suas origens — como acabei de mostrar —, ao jogo de dominação/poder, participação/exclusão que caracteriza ideologicamente as relações sociais, ela também pode

---

2. Faço notar que todas as traduções de citações constantes deste livro, e que foram originalmente produzidas em outras línguas, são de minha autoria.

ser associada ao desenvolvimento social, cognitivo e cultural dos povos, assim como a mudanças profundas nos seus hábitos comunicativos.

A mais antiga forma de escrita de que se tem notícia surgiu na Mesopotâmia (atualmente, partes do Irã e do Iraque). Era a escrita suméria, materializada em peças de argila utilizadas dentro dos templos para gravar as relações de troca e empréstimo de mercadorias que lá se realizavam, e que coincide historicamente com outras "(...) inovações como a roda, a organização da agricultura e a engenharia hidráulica (...)", assim como "(...) um comércio que cresceu regularmente e uma cultura que se estendeu a povos vizinhos e alcançou terras longínquas como a Índia e a China" (Valverde, 1987, p. 4).

No ocidente, a escrita alfabética (sistema ortográfico, no qual sinais gráficos representam sons da fala) foi introduzida na Grécia e Jônia por volta do século VIII a.C.

Inicialmente, contudo, não ocorreram mudanças decorrentes na cultura de tradução oral daquela sociedade, visto que o processo de difusão de um sistema escrito é demorado, levando, muitas vezes, séculos. Por este motivo é que somente nos séculos V e VI a.C. é possível reconhecer a sociedade grega como generalizadamente "letrada". Não é por coincidência que este seja o momento histórico em que esta sociedade passou por um processo de radicais transformações culturais e político-sociais. O aparecimento, entre outras coisas, do pensamento lógico-empírico e filosófico, a formalização da História e da Lógica enquanto disciplinas intelectuais, e a própria democracia grega têm íntima relação com a expansão e solidificação da escrita fonética na Grécia e em Jônia.

Segundo Valverde, um dos motivos dessas profundas mudanças em várias áreas está no fato de que "(...) ao contrário de outras civilizações de seu tempo, a sociedade grega não conhece uma casta sacerdotal que monopolize os livros sagrados. *A própria escrita não é um segredo dos governantes e escribas, mas de domínio comum, o que possibilita a ampla difusão e discussão de idéias*". (op. cit., p. 14, grifos meus)

Em resumo, a escrita pode ser apontada como uma das causas principais do aparecimento das civilizações modernas, e do desenvolvimento científico, tecnológico e social das sociedades onde foi adotada de maneira ampla. Por outro lado, não podem ser esquecidos fatores como as relações de poder e dominação que estão por trás da utilização restrita ou generalizada de um código escrito.

Alfabetização

Existem duas formas segundo as quais comumente se entende a alfabetização: ou como um processo de aquisição individual de habilidades requeridas para a leitura e escrita, ou como um processo de representação de objetos diversos, de naturezas diferentes.

O mal-entendido que parece estar na base da primeira perspectiva é que a alfabetização é algo que chega a um fim, e pode, portanto, ser descrita sob a forma de objetivos instrucionais. Como processo que é, no entanto, parece-me antes que o que caracteriza a alfabetização é a sua incompletude, e que a descrição de objetivos a serem atingidos deve-se a uma necessidade de controle mais da escolarização do que da alfabetização. De fato, a alfabetização está intimamente ligada à instrução formal e às práticas pedagógicas escolares, e é muito difícil lidar com essas variáveis separadamente.

Por este motivo, muitas vezes se descreve o processo de alfabetização como se ele fosse idêntico aos objetivos que a escola se propõe enquanto lugar onde se alfabetiza.

William Teale (1982) parece separar os dois processos (alfabetização e escolarização) quando afirma que "(...) a prática da alfabetização não é meramente a habilidade abstrata para produzir, decodificar e compreender a escrita: pelo contrário, quando as crianças são alfabetizadas, elas usam a leitura e a escrita para a execução das práticas que constituem sua cultura". (p. 559) Fica aparente, portanto, que, de um ponto de vista sócio-interacionista, a alfabetização, enquanto processo individual, não se completa nunca, visto que a sociedade está em contínuo processo de mudança, e a atualização individual para acompanhar essas mudanças é constante. Por exemplo, produzir ou decodificar significativamente um texto narrativo simples de uma cartilha ou manual didático e um texto que descreve o funcionamento de um computador, não constituem duas atividades iguais, do ponto de vista da alfabetização do mesmo indivíduo. Assim, talvez seja melhor não se falar em alfabetização simplesmente, mas em graus, ou níveis, de alfabetização. O movimento do indivíduo dentro dessa escala de desempenho, apesar de inicialmente estar ligado à instrução escolar, parece seguir posteriormente um caminho que é determinado, sobretudo, pelas práticas sociais nas quais ele se engaja, e nas exigências discursivas decorrentes disso.

Vejo, então, com uma certa desconfiança, estudos (e estudiosos) que privilegiam no processo de alfabetização aqueles que são definidos como objetivos da escolarização, sem fazer as devidas distinções, inclusive do ponto de vista ideológico.

Pierre Giroux (1983) esclarece brilhantemente essa questão. A citação será um pouco longa, e peço desculpas por isso aos leitores. Mas não acredito que conseguiria, com minhas próprias palavras, exprimir a questão mais claramente do que Giroux. Vejamos o que ele diz:

> "A alfabetização é um tema que, no atual debate sobre o papel e o objetivo da escolarização, parecer ter 'escapado' às ideologias que o informam. À primeira vista, há um curioso paradoxo no fato de que, embora a alfabetização tenha-se tornado outra vez um item educacional em evidência, o discurso que domina o debate distancia-se de uma análise significativa da questão, representando um retrocesso conservador. Em outras palavras, a expansão do interesse pela alfabetização e pela escolarização tem geralmente servido para enfraquecer as análises ao invés de enriquecê-las. (...) A crítica ao atual debate sobre a alfabetização e a escolarização é importante porque indica como, em parte, a produção de significados e do saber escolar é determinada por relações mais amplas de poder. Além disso, tal crítica

revela o instrumental lógico e a ideologia positivista que dominam aqueles discursos, pondo, também, a nu os interesses sócio-políticos que são servidos por eles. Por exemplo, dentro do atual contexto, a alfabetização é definida principalmente em termos mecânicos e funcionais. Por um lado, é reduzida ao domínio de 'habilidades' fundamentais. Neste caso, é apresentada como 'determinadas habilidades para usar a linguagem escrita, o que inclui tanto as habilidades relativas à linguagem escrita, como um segundo sistema representacional para a linguagem falada e uma memória visual, externa' (Stricht, 1978). Por outro lado, torna-se completamente subjugada à lógica e às necessidades do capital e o seu valor é definido e medido pela exigência daquelas habilidades de ler e escrever necessárias para a expansão do processo do trabalho envolvido na 'produção em massa de informação, comunicação e finanças'" (Aronowitz, 1981, pp. 53-55) (pp. 57-58).

Giroux continua sua argumentação acerca das relações entre alfabetização e escolarização, dizendo que:

"A relação entre alfabetização e escolarização torna-se clara se considerarmos que, embora a criança possa primeiramente entrar em contato com a linguagem escrita através de sua família, é principalmente na escola que a alfabetização se consuma" (p. 59).

Como o ato de alfabetizar ocorre somente enquanto parte das práticas escolares, conseqüentemente ignora-se sistematicamente as práticas sociais mais amplas para as quais a leitura e a escritura são necessárias, e nas quais serão efetivamente colocadas em uso. Giroux afirma, a esse respeito, que:

"(...) A ideologia instrumental expressa-se através de uma abordagem puramente formalista da escrita, caracterizada por uma ênfase em regras, exortações sobre o que fazer e o que não fazer quando se escreve. Ao invés de tratar a escrita como um processo que é tanto o meio como um produto da experiência de cada um no mundo, esta posição despe a escrita de suas dimensões críticas e normativas e a reduz à aprendizagem de habilidades que, no nível mais estreito, enfatiza o domínio de regras gramaticais. Em um nível mais 'sofisticado', mas não menos positivista, a ênfase é posta no domínio formalista de estruturas sintáticas complexas, freqüentemente sem considerar o seu conteúdo" (p. 66).

A questão do conteúdo, central em todo processo de alfabetização, não pode ser ignorada: enquanto discutem coisas consideradas "essenciais", tais como "prontidão", correspondência som-grafema etc., os agentes educacionais muitas vezes se esquecem de que a alfabetização deve levar ao domínio da cidadania plena, possibilitando aos sujeitos que se apropriem do discurso da escrita de maneira pessoal e singular, e não que se tornem meros repetidores de estruturas congeladas pelo discurso pedagógico.

Escrevi um artigo no qual investigo a relação entre alfabetização, escolaridade e escolarização (Tfouni, 1999). Comparando o tempo durante o qual um grupo de adultos não-alfabetizados freqüentou a escola (tempo de escolarização) com a série escolar até a qual conseguiram chegar (grau de escolaridade) e ainda com o fato de terem, ou não, sido alfabetizados, concluo que freqüentar a escola por si só não garante ao sujeito níveis mais altos de letramento, nem o domínio da escrita. Haja vista que encontrei, nessa pesquisa, muitos sujeitos que, apesar de terem cursado, às vezes durante sete anos, o ensino elementar, não foram alfabetizados e não conseguiram ser promovidos da primeira para a segunda série, além de outros que, apesar de terem atingido até a quarta série (incompleta), continuam, no entanto, sem saber ler nem escrever até o próprio nome.

A história de fracasso dessa população, que é primariamente originária da zona rural, mostra um fracasso correspondente das políticas governamentais e dos programas de alfabetização implantados como medida de emergência para diminuir o índice de analfabetismo no Brasil (como o MOBRAL, por exemplo). Aponta também para o sistema falho de levantamento de dados estatísticos sobre a população do Brasil, que equipara grau de escolaridade com grau de letramento.

Entramos aqui na segunda concepção apresentada acima sobre a alfabetização: o processo de representação. Dentro dessa perspectiva, afirmo, em outro trabalho, (Tfouni, 2005) que não é o código, tomado na acepção simplista de representação gráfica dos sons da fala, que o sujeito precisa dominar ao ser alfabetizado. É, antes, todo um sistema complexo, sócio-histórico e cultural, em que as práticas discursivas letradas circulam, além de levar em consideração o funcionamento da escrita e as finalidades para as quais ela é dirigida nas interações sociais.

Sob esse segundo enfoque, então, a alfabetização não é mais vista como estando ligada ao ensino de um sistema gráfico que equivale a sons. Um aspecto que tem que ser considerado nesta nova perspectiva é que a relação entre a escrita e a oralidade não é uma relação de dependência da primeira à segunda, mas é, antes, uma relação de *interdependência*, isto é, ambos os sistemas de representação influenciam-se igualmente, mas dentro de um princípio de autonomia.

Nesse sentido, o processo de representação que o indivíduo deve aprender a dominar durante a alfabetização não é linear (som-grafema): é, antes, um processo complexo, que acompanha o desenvolvimento, e que passa por estágios que vão desde a micro-dimensão (representar o som /š/ com os grafemas x e ch, por exemplo) até um nível mais complexo (representar o interlocutor ausente durante a produção de uma carta, por exemplo).

Resumindo e concluindo, temos, então, que a concepção que em geral se faz a respeito da aquisição da linguagem escrita (alfabetização) corresponde a um modelo linear e "positivo" de desenvolvimento, segundo o qual a criança aprende a usar e decodificar símbolos gráficos que representam os sons da fala, saindo de um ponto "x" e chegando a um ponto "y". A realidade, no entanto, passa por outras variáveis e vai desde a questão da escolarização, com a qual, em geral, a alfabetização co-ocorre, até a consideração de que esse não é um processo linear, mas antes um processo gradual, que envolve níveis de complexidade crescentes, a cada um dos quais diferentes objetos são contemplados e construídos pela criança, além de que as práticas de leitura e escrita nunca ocorrem fora de contextos interacionais (apesar de todos os esforços do discurso pedagógico tradicional em separar a escola do mundo "lá fora").

Uma das perguntas que o alfabetizador deve fazer-se é: Qual é a natureza desses objetos? Outra, relacionada com a anterior é: Quais são as práticas sociais que exigirão da criança o domínio da escrita, e em que medida, enquanto alfabetizo, eu a introduzo nessas práticas?

Letramento

Enquanto que a alfabetização ocupa-se da aquisição da escrita por um indivíduo, ou grupo de indivíduos, o letramento focaliza os aspectos sócio-históricos da aquisição de um sistema escrito por uma sociedade. Entre outras, os estudiosos do letramento procuram responder às seguintes questões básicas:

— Quais mudanças ocorrem em uma sociedade quando ela se torna letrada?

— Quais novas práticas discursivas o letramento inaugura, e que posições-sujeito se tornam disponíveis a partir do surgimento desses novos discursos?

— Grupos sociais não-alfabetizados que vivem em uma sociedade letrada podem ser caracterizados pelos mesmos critérios utilizados para aqueles que vivem em sociedades primitivas (onde a escrita não circula)?

— Em quais formações discursivas alternativas irão aninhar-se sujeitos não-alfabetizados cujo conhecimento, modos de produção e cultura estão perpassados pelos valores de uma sociedade letrada?

Os estudos sobre o letramento, deste modo, não se restringem somente àquelas pessoas que adquiriram a escrita, isto é, aos alfabetizados. Buscam investigar também as conseqüências da *ausência* da escrita a nível individual, mas sempre remetendo ao social mais amplo, isto é, procurando, entre outras coisas, ver quais características da estrutura social têm relação com os fatos postos.

A ausência, tanto quanto a presença da escrita em uma sociedade são fatores importantes que atuam ao mesmo tempo como causa e como conseqüência de transformações sociais, culturais e psicológicas, às vezes radicais.

Para Vygotsky (1984), o letramento representa o coroamento de um processo histórico de transformação e diferenciação no uso de instrumentos mediadores. O autor vê aí, também, a causa da elaboração de formas mais sofisticadas do comportamento humano, que são os chamados "processos mentais superiores", tais como: raciocínio abstrato, memória ativa, resolução de problemas etc.

Em termos sociais mais amplos, o letramento é apontado como sendo produto do desenvolvimento do comércio, da diversificação dos meios de produção e da complexidade crescente da agricultura. Ao mesmo tempo, dentro de uma visão dialética, torna-se uma causa de transformações históricas profundas, como o aparecimento da máquina a vapor, da imprensa, do telescópio, e da sociedade industrial como um todo.

É preciso ter em conta, no entanto, que, conforme afirma Ginzburg (1987), "(...) os instrumentos lingüísticos e conceituais (...)" que o letramento coloca à disposição dos indivíduos não são "(...) neutros nem inocentes (...)" (p. 132)

O mesmo Ginzburg, narrando o caso fascinante e emocionante de Menocchio, um moleiro italiano que no século XVI foi perseguido, torturado e condenado pela Inquisição por suas idéias "heréticas", faz, implicitamente, uma análise das influências do letramento sobre os indivíduos pertencentes às classes subalternas naquela época. É, ao mesmo tempo, a análise das relações entre letramento e poder que deixa aparecer claramente que a condenação de Menocchio não foi devido ao fato de saber ler, mas sim porque antepôs aos textos sagrados (considerados como indiscutíveis, e possíveis de interpretação apenas através da "chave" dos representantes da Igreja Católica) a sua cosmogonia pessoal. Deste modo, a leitura pessoal que Menocchio fazia dos principais livros sobre a história sagrada e a religião, que circulavam na Europa na época, não lhe teria sido fatal se essa leitura não estivesse impregnada do "(...) materialismo elementar, instintivo, de gerações de camponeses" (p. 132).

Continua Ginzburg sua análise, afirmando que Menocchio "(...) viveu pessoalmente o salto histórico, de peso incalculável, que separa a linguagem gesticulada, murmurada, gritada, da cultura oral, da linguagem da cultura escrita, desprovida da entonação e cristalizada nas páginas dos livros (...). Na possibilidade de emancipar-se das situações particulares está a raiz do eixo que sempre ligou de modo inextricável escritura e poder". (p. 128) E Menocchio, diz Ginzburg, "(...) compreendia que a escrita e a capacidade de dominar e transmitir a cultura escrita era uma fonte de poder". (p. 128) Por isso era "perigoso".

Ginzburg traz ao centro do debate a questão do letramento e sua influência, não naqueles que detêm o poder (as classes dominantes), mas naqueles que são marginalizados e dominados (as classes subalternas).

O que a história de Menocchio mostra é, principalmente, que o termo "letrado" não tem um sentido único, nem descreve um fenômeno simples e uniforme. Pelo contrário, está intimamente ligado à questão das mentalidades, da cultura e da estrutura social como um todo.

Também de Certeau (1999) traz a questão da circulação das práticas letradas para a mesa de discussão, considerando o lado da perda. Diz o autor, referindo-se às "práticas orais", que, na sua opinião, elas coexistem com uma "economia escriturística": trata-se aí de "uma outra coisa", que é calada — recalcada, melhor dizendo — mas que no entanto retorna, "...escapando à dominação de uma economia sociocultural, à organização de uma razão, à escolarização obrigatória, ao poder de uma elite e, enfim, ao controle da consciência esclarecida". (1999, p. 252)

Prossegue de Certeau: "[essa voz que é calada] ... volta a aparecer fora dessa escritura transformada em meio e em efeito da produção. Ela renasce ao lado, vindo de um além das fronteiras atingidas pela expansão da empresa escriturística. Uma outra coisa ainda fala, e ela se apresenta aos senhores sob as figuras diversas do não-trabalho — o selvagem, o louco, a criança, até mesmo a mulher — depois, recapitulando muitas vezes as precedentes, sob a forma de uma voz ou dos gritos do Povo excluído da escrita (...)". (id., ibid.)

É nessa linha de argumentação que este livro se inscreve, inaugurando um discurso novo, dentro das Ciências da Linguagem, para tratar da questão dos não-alfabetizados: pretendo mostrar, neste livro, que o termo "iletrado" não pode ser usado como antítese de "letrado". Isto é, não existe, nas sociedades modernas, o letramento "grau zero", que equivaleria ao "iletramento". Do ponto de vista do processo sócio-histórico, o que existe de fato nas sociedades industriais modernas são "graus de letramento", sem que com isto se pressuponha sua inexistência.

A visão etnocêntrica acerca dos grupos sociais não-alfabetizados, que está presente em vários estudos de psicologia transcultural, etnolingüística, psicologia cognitiva e antropologia, precisa ser revista urgentemente. E o primeiro ponto de revisão deve centralizar-se em esclarecer a confusão que é feita entre "não-alfabetizado" e "iletrado". Do meu ponto de vista, o iletramento não existe, enquanto ausência total, ou grau zero, nas sociedades industrializadas modernas.

Costuma-se dizer que somente com a aquisição da escrita as pessoas conseguem desenvolver o raciocínio lógico-dedutivo, a capacidade para fazer inferências para solução de problemas etc. Diz-se, ainda, que o pensamento dos alfabetizados é "racional", e, pelo mesmo raciocínio distorcido mencionado acima, costuma-se afirmar que, como decorrência, os indivíduos não-alfabetizados são incapazes de raciocinar logicamente, de fazer inferências, de efetuar descentrações cognitivas. Afirmam ainda que seu pensamento é "emocional", "sem contradições", "pré-operatório" etc. Malinowski (1976), por exemplo, diz que "(...) os membros analfabetos de uma comunidade civilizada tratam e consideram as palavras de um modo semelhante aos selvagens (...)". (p. 318) Isto, do ponto de vista etnocêntrico do autor, significa que tanto os "selvagens" em geral quanto os não-alfabetizados em particular não dominam a função intelectual da linguagem, função esta que apareceria "(...) nas obras de ciência e filosofias (...)" onde "(...) tipos altamente desenvolvidos de fala são empregados para controlar idéias e torná-las propriedade comum da humanidade civilizada" (p. 312).

Uma forma de acabar com o etnocentrismo parece ser começar a considerar alfabetização e letramento como processos interligados, porém separados enquanto abrangência e natureza. Outro modo é passar a considerar o letramento como um *continuum*, determinado por relações de força de cunho social. Esse *continuum* seria constituído por posições de sujeito que determinariam um discurso mais ou menos letrado. Deste modo, evitaremos as classificações preconceituosas decorrentes da aplicação das categorias "letrados" e "iletrados", bem como a confusão que usualmente se faz com essas categorias e, respectivamente, "alfabetizado" e "não-alfabetizado", além de separar o fenômeno do letramento do processo de escolarização, que, como já foi visto, comumente acompanha o processo de alfabetização.

A questão, então, passa a ser: pode-se encontrar em grupos não-alfabetizados características que usualmente são atribuídas a grupos alfabetizados e escolarizados? Se a resposta for positiva, poderemos mostrar que letramento e alfabetização são distintos, e devem ser estudados separadamente.

E a resposta, de fato, *é* positiva, conforme a argumentação que será apresentada a seguir, e ao longo de todo este texto.

Tradicionalmente, tem sido afirmado que, como a aquisição da escrita leva ao raciocínio lógico; portanto, quem não souber ler nem escrever seria incapaz de raciocinar logicamente, e, também, de compreender um raciocínio dedutivo do tipo lógico-verbal (silogismo).[3]

---

3. O silogismo é um tipo de raciocínio dedutivo lógico-verbal composto por uma premissa maior, uma premissa menor e uma conclusão. Existe uma relação de necessidade lógica entre o conteúdo da conclusão e o das premissas. Do ponto de vista da compreensão, o silogismo exige que o indivíduo seja capaz de descentrar seu raciocínio, ignorando seu conhecimento

Sylvia Scribner e Michael Cole (1981), por exemplo, afirmam que "(...) a linguagem escrita promove conceitos abstratos, raciocínio analítico, novos modos de caracterização, *uma abordagem lógica à linguagem*" (p. 7, grifo meu). Goody (1977), fazendo a mesma relação entre domínio da escrita e raciocínio lógico, afirma que "(...) a lógica, 'a nossa lógica', no sentido restrito de um instrumento de procedimento analítico (...) parecer ter sido uma função da escrita, visto que foi a representação escrita da fala que possibilitou aos homens claramente a segmentação das palavras, a manipulação da ordem da palavras, bem como o *desenvolvimento de formas silogísticas de raciocínio; estes últimos encarados especificamente como produtos escritos, não orais* (...)". (p. 11, grifos meus) Deste modo, parece inquestionável que a aquisição da escrita tem como conseqüência, cognitivamente, o desenvolvimento do pensamento lógico, e a capacidade para compreender e produzir silogismos.

Porém, a questão que se coloca é: a inversa é verdadeira? Isto é, pode-se inferir daí que aqueles que não adquirem a escrita são incapazes de raciocinar logicamente, e, portanto, de compreender silogismos? Não é isto que os dados mostram. Na verdade, a pesquisa que aqui apresento, além de outros trabalhos com adultos não-alfabetizados (Tfouni, 1984), mostra alguns fatos interessantes sobre o raciocínio lógico desses sujeitos, os quais serão expostos com detalhes nos capítulos subseqüentes.

O primeiro deles é que, ao contrário do que se pensa, os não-alfabetizados têm uma capacidade para descentrar seu raciocínio e resolver conflitos e contradições que se estabelecerem no plano da dialogia, na enunciação. O que se percebe, pesquisando esses momentos, é que existem planos de referência delimitados por esses sujeitos, e que eles, em função do assujeitamento ideológico, buscam em um ou outro lugar as evidências necessárias para resolver um

---

empírico e sua experiência pessoal, atendo-se apenas ao conteúdo do silogismo, que pode negar aquele conhecimento, sem deixar de ter uma estrutura lógico-dedutiva. Exemplo: *"Todos os homens que usam saia são altos. Pedro usa sai, logo ele é alto."*

problema proposto. Outro fato interessante, e que contradiz as crenças etnocêntricas, é que alguns adultos não-alfabetizados estudados por mim mostraram que são *capazes de compreender e explicar os silogismos.*

Esses fatos representam, então, contra-argumentos à afirmativa segundo a qual não-alfabetizados não raciocinam logicamente, não descentram, não solucionam problemas. Os dados e discussões teóricas que apresento para aprofundar essas afirmativas estão contidos nos capítulos II e III.

A explicação, então, não está em o sujeito ser, ou não, alfabetizado enquanto indivíduo. *Está, sim, em ser, ou não, letrada a sociedade onde esses sujeitos vivem*, ou seja, nas condições materiais onde esses discursos são produzidos, o que inclui necessariamente o conflito e a contradição. Mais que isso: está na sofisticação das comunicações, dos modos de produção, das demandas cognitivas, pelas quais uma sociedade como um todo passa quando se torna letrada, e que irão inevitavelmente influenciar todos os sujeitos que nela vivem, alfabetizados ou não.

No Capítulo IV, procuro inverter a ótica, e ver o lado do avesso dessas aquisições. Examino ali os fatos seguintes: nas sociedades industriais modernas, lado a lado com o avanço científico e tecnológico, decorrente do letramento, existe um conhecimento que corre ao largo, que independe da alfabetização e escolarização. Para que não seja suposto que defendo aqui uma visão romantizada, de equivalência ou igualdade entre todos, adianto que existe, no entanto, o lado negativo, o lado da perda: esse desenvolvimento não ocorre às custas de nada. Ele, na verdade, aliena os indivíduos de seu próprio desejo, de sua individualidade, e, muitas vezes, de sua cultura e historicidade. A alienação, portanto, também é um produto do letramento. A ciência, produto da escrita, e a tecnologia, produto da ciência, são elementos reificadores, principalmente para aquelas pessoas que, não sendo alfabetizadas, são, no entanto, letradas, mas não têm acesso ao conhecimento sistematizado nos livros, compêndios e manuais.

Muitas vezes, como conseqüência do letramento, vemos grupos sociais não-alfabetizados abrirem mão do próprio conhecimento, da própria cultura, o que caracteriza mais uma vez esta relação como de tensão constante entre poder, dominação, participação e resistência, fatores que não podem ser ignorados quando se procura entender o produto humano por excelência que é a escrita, e seus decorrentes necessários: a alfabetização e o letramento.

Em resumo, é essa questão do letramento nas sociedades complexas que vou aprofundar neste livro, apresentando evidências para a minha argumentação central, que é: 1°) Iletrado não é sinônimo de não-alfabetizado; 2°) Do ponto de vista discursivo, não é adequado afirmar que indivíduos não-alfabetizados que vivem em uma sociedade letrada *não possuem* as características das pessoas alfabetizadas (a saber: raciocínio lógico, descentração, capacidade para solução de problemas); 3°) As aquisições no nível cognitivo, porém, têm um preço, no nível ideológico: o abandono das práticas culturais essencialmente orais em favor de avanços tecnológicos, que são tanto mais alienantes quanto ficam fora do alcance daqueles que não sabem ler nem escrever.

CAPÍTULO I
Aspectos teóricos

Este livro tem por objetivo explicitar alguns aspectos do funcionamento discursivo de um grupo de adultos brasileiros não-alfabetizados, através da investigação de como usam a linguagem diante de um tipo de discurso usualmente ligado a sujeitos altamente letrados: raciocínios lógico-verbais, ou silogismos. Dois grupos de sujeitos foram pesquisados, utilizando-se dois tipos diferentes de silogismos. Ao primeiro grupo (constituído por 8 sujeitos) foram apresentados 13 silogismos cujas premissas maiores tinham caráter *normativo*, isto é, exprimiam normas sociais, costumes, regulamentos etc. Ex.:

> "Só quem mora na cidade pesca no rio Taguá.
> O Pedro pesca no rio Taguá.
> Ele mora na cidade, ou não?"

Ao segundo grupo, também formado por 8 sujeitos, foram apresentados 9 silogismos cujas premissas maiores eram *descritivas*, isto é, exprimiam leis físicas, biológicas etc. Ex.:

> "O plástico não enferruja.
> A Ana tem uma sandália de plástico.
> A sandália enferruja, ou não?"

Cada um dos grupos acima foi ainda dividido em *Controle* e *Experimental*, estando a diferença no fato de o grupo experimental haver sido testado com a apresentação concomitante de gravuras que serviam para "ancorar" o conteúdo dos silogismos. Durante a coleta de dados, cada sujeito passava por três etapas: 1) deveria responder à pergunta contida no silogismo e que equivale à sua conclusão — Fase da *Resposta* (R); 2) deveria justificar sua resposta — fase da *Justificativa* (J); 3) deveria repetir o silogismo — fase da *Repetição* (Rc).[1]

A pesquisa foi toda gravada e posteriormente transcrita. A análise procurou considerar como relevantes aqueles dados emergentes durante o processo de enunciação, também chamados de *dados indiciários*. Foi nesse contexto que detectamos os *sincretismos* e os comportamentos metaprocedimentais produzidos pelos sujeitos, cuja natureza, bem como sua relação com a cognição e a realidade social dos sujeitos, é apresentada nos capítulos seguintes. Em termos mais gerais, o que se discute aqui é como um grupo não-alfabetizado, cuja cultura está perpassada pelos valores e usos da linguagem de uma sociedade letrada, insere-se discursivamente nessa sociedade, e quais aspectos cognitivos e sociais são relevantes para compreender melhor essa realidade.

Nesse ponto, gostaria de introduzir duas observações gerais sobre o conteúdo deste livro.

Quanto à metodologia, quero deixar claro de início, que a análise dos dados que efetuei não privilegia nem o quantitativismo nem o experimentalismo. Isto ocorreu porque, ao transcrever os fatos de linguagem gravados, notei que a questão a ser estudada ia além de se computar, por exemplo, número de "Erros" e de "Acertos". Mais que isso, notei que o material colhido permitia um tipo de análise que ia além da mera constatação da capacidade dos sujeitos para raciocí-

---

1. Um questionário foi também aplicado para reunir dados pessoais sobre os sujeitos. Os 16 sujeitos moravam, à época deste estudo, na cidade de Ribeirão Preto - SP, em dois bairros de periferia: Quintino Facci II e Ipiranga. A idade média é 43,4 anos. Treze são mulheres e três são homens.

narem logicamente. Isso ficou evidente pelo fato de que os sujeitos introduziam transformações no material lingüístico que lhes era apresentado sob a forma de silogismo. Percebi, sobretudo, que esses dados, que talvez até fossem considerados como "*residuais*" por pesquisadores mais formalistas, eram exatamente o que de novo e relevante estava ocorrendo. E somente um enfoque da situação experimental como sendo, antes de tudo, uma situação de *discurso* regulada num certo limite, é que me permitiria levar em consideração esses dados. Por este motivo, como a natureza discursiva do teste é o aspecto saliente deste trabalho, mas como, ao mesmo tempo, houve toda uma situação experimental (não-etnográfica) montada, existem aqui lugares onde haverá tabelas e cálculos percentuais.

A análise privilegia o qualitativo portanto, visto que investiga as *transformações discursivas* introduzidas pelos sujeitos na estrutura dos silogismos, o que resulta na produção de dados epilingüísticos, momentos especiais, nos quais o funcionamento discursivo se encaminhava para formações cuja natureza, conforme pude perceber, e discutir, poderia mostrar que espécie de relação se estabelecera entre esses sujeitos e os silogismos, e, por extensão, entre eles e o mundo formalizado criado pela linguagem escrita.

Essa metodologia de análise representa uma união entre o trabalho restrito do lingüista e o trabalho heurístico-pragmático do analista do discurso. Orletti, (1984) postulante da mesma metodologia, afirma que, subjacente a ela, está um princípio de origem etnometodológica, e acrescenta:

> "De acordo com este princípio metodológico, os únicos fenômenos dignos de interesse são aqueles que os próprios participantes da conversação consideram relevantes" (op. cit., p. 561).

Pelos motivos anteriores, fica evidente que seria incoerente a utilização, ou mesmo definição, de categorias prévias neste trabalho. Com efeito, as "categorias" que eventualmente utilizo quando da análise dos dados são determinadas *a posteriori*, pela própria estrutura dos discursos produzidos pelos sujeitos. Orletti apropriadamente afirma que:

"O apropriado é desenvolver procedimentos heurísticos 'a posteriori', para identificar os fenômenos que serão analisados, levando em consideração os fatos que estão ocorrendo na interação" (op. cit., p. 561).

A seguir, pretendo esclarecer duas questões importantes para a compreensão da oportunidade deste livro: a primeira trata da natureza do raciocínio dedutivo; a segunda relaciona-se à eventual relevância do uso de silogismos como material de pesquisa.

Raciocínio silogístico: estrutura e natureza

O raciocínio silogístico clássico constitui-se num segmento de discurso, do tipo lógico-dedutivo, que é, em grande parte, artificial e dependente da linguagem escrita. Não existe evidência da existência de discursos desse tipo em povos com tradição oral de transmissão de cultura. É definido pelos lógicos e filósofos como aquele tipo de raciocínio contido em um argumento "cujas premissas fornecem provas decisivas para a verdade de uma conclusão" (Copi, 1974, p. 139).

A definição parcial acima citada é decisiva para estabelecer o estatuto formal do silogismo na lógica tradicional: na estrutura do silogismo, e somente nela, devem ser buscados os elementos que invalidem ou não seus argumentos.

Alguns autores modernos, no entanto, criticam a lógica tradicional quanto a este aspecto. Vejamos o que dois deles, Strawson e Toulmin, dizem.

De acordo com Strawson (1969), os lógicos em sua maioria atêm-se ao estudo dos silogismos em si mesmos, e entre eles "(...) tem sido comum não considerar fatos tais como que a mesma expressão pode ser usada em ocasiões diferentes para fazer referências a indivíduos diferentes, ou ainda que a ocasião em que se articula uma oração pode incidir sobre a verdade ou a falsidade daquilo que ela assevera" (op. cit., p. 35).

A crítica aí contida pode ser interpretada como uma negação da visão clássica a respeito do silogismo, a qual considera o mesmo como a forma perfeita de dedução, ao mesmo tempo em que atribui ao conteúdo das proposições nele contidas *força de lei*, o que significa que a verdade das mesmas torna-se necessária em termos das relações de inclusão entre os membros das classes declaradas e da única conclusão logicamente possível. Seguindo uma linha mais pragmática, Strawson propõe que o conteúdo do silogismo pode ser checado de encontro a um outro pano de fundo: as *situações* em que as asseverações são usadas podem servir de ponto de referência para estabelecer sua verdade ou falsidade.

O mesmo autor (Strawson, 1950) propõe que se introduza no estudo dos silogismos o conceito de *pressuposição existencial*. A lógica tradicional (aristotélica) fica em parte abandonada quando se considera o conteúdo existencial, o qual passou a ser incluído na chamada lógica booleana, ou lógica simbólica moderna. De acordo com a proposta booleana, as contradições entre as proposições de um silogismo podem ser causadas, entre outros fatores, pelo fato de se afirmar que uma classe que não possui membros, os possui (isto é, quantificar uma classe que constitui um conjunto vazio, visto que não tem conteúdo existencial).

Toulmin (1958) também faz algumas observações a respeito do silogismo. O autor diz-se interessado não em silogismos aristotélicos, nos quais ambas as premissas são universais, mas "em argumentos através dos quais as proposições genéricas são utilizadas para justificar conclusões particulares sobre indivíduos", (p. 108) e acrescenta que "as formas aparentemente inocentes usadas nos argumentos silogísticos possuem, na verdade, uma complexidade oculta" (id.).

Toulmin ainda classifica de "enganadora" a estrutura tradicional do silogismo (duas premissas e uma conclusão) e analisa particularmente a premissa maior em termos de uma ambigüidade intrínseca. Esta ambigüidade, em linhas gerais, é a seguinte: segundo o autor, no silogismo

> "Jack tem os pés tortos;
> Todos os homens de pés tortos têm dificuldade para andar;
> Logo, Jack tem dificuldade para andar."

A premissa maior pode ser interpretada de duas maneiras: 1°) espera-se que um homem de pés tortos terá dificuldade para andar; 2°) todo homem de pés tortos que conhecemos teve dificuldade para andar.

No primeiro caso, temos o que Toulmin denomina um argumento "garantia de inferência", e no segundo caso temos um argumento "apoio", baseado em informação factual. Existe, assim, uma ambigüidade constante, presente nas premissas maiores de um silogismo, relativa ao estatuto anterior do conteúdo (ou ordem de fatos) que a eles deu origem. Utilizando esta mesma argumentação, Toulmin recusa a hipótese existencial, vista anteriormente. A esse respeito, afirma ele que, sendo a premissa maior ambígua (principalmente as que contêm o quantificador universal), não se podem dar garantias existenciais para a mesma, especialmente devido à leitura "garantia de inferência" intrínseca à mesma. Diz o autor:

> "Não existe uma resposta inteiramente genérica que possa ser dada à questão (existencial), porque o que determina se há, ou não, implicações existenciais em qualquer caso particular não é a forma da declarativa em si, mas sim o uso prático que é dado a esta forma naquela ocasião específica" (id. ibid., p. 115).

Concluindo, Toulmin afirma que mesmo a leitura "backing" (apoio em informação anterior) pode ser ambígua. Completa este autor:

> "Depois que a pessoa se acostuma a expandir declarativas da forma 'Todos os As são Bs', e a substituí-las, conforme a ocasião, por 'garantias de inferência' explícitas ou 'asseverações de apoio' explícitas,

começará a considerar um enigma o fato de os lógicos terem ficado comprometidos com este tipo de declarativas durante tanto tempo" (id., ibid., p. 116).

A visão moderna de raciocínio silogístico, especialmente a crítica e a conceituação de Toulmin, que acabamos de ler, terão importância fundamental no momento da apresentação e discussão dos dados aqui expostos. Veremos, com efeito, que a ambigüidade de que fala Toulmin é fator constitutivo da leitura que os adultos não-alfabetizados, aqui estudados, fazem dos silogismos.

Por que testar a compreensão de silogismos?

A questão acima colocada remete-nos a outra, intimamente relacionada: o que transforma o silogismo em algo digno de atenção?

Essa é uma discussão que será aqui abordada sob dois ângulos: o ponto de vista epistemológico e o histórico-social. Como representante do primeiro, pode-se citar Piaget, enquanto que no segundo caso encontra-se a chamada psicologia cognitiva dialética ou sócio-interacionista — principalmente, na discussão dos silogismos, com Luria.

Piaget (1976) faz uma oposição inicial entre *lógica* e *epistemologia*, dizendo que:

"Convencionaremos, pois, chamar de *epistemologia* o estudo do conhecimento enquanto relação entre o sujeito e o objeto, e reservar o termo de *lógica* para a análise formal do conhecimento" (op. cit., p. 4).

A lógica formal é uma disciplina que, para o autor, não se constituiu autonomamente. Ela pressupõe uma reflexão anterior sobre o real. Diz ele:

A lógica é, pois, o produto de uma reflexão e de uma formalização retrospectivas e não constitui um código já formulado antes de suas aplicações (p. 6).

O estatuto cognitivo da lógica, para Piaget, está relacionado ao curso do desenvolvimento intelectual. Neste sentido, diz o autor: "as estruturas lógicas exprimem as leis do pensamento", (p. 8) isto é, exprimem aquelas leis "que regulam as atividades do sujeito suscetíveis de dar origem a relações verdadeiras ou falsas" (p. 8).

Existe, então, para Piaget, um isomorfismo entre as operações da lógica e as estruturas do pensamento, sendo que aquelas exprimem estas:

> "É, pois, o conjunto das operações do pensamento que a lógica tem obrigação de formalizar, se pretende chegar a uma teoria exaustiva da coerência formal" (p. 10).

Ontogeneticamente, o pensamento lógico, de acordo com Piaget (1947), é atingido na última etapa do desenvolvimento cognitivo, no chamado estágio das operações formais. É característico desse estágio o raciocínio hipotético-dedutivo, ou das operações lógico-matemáticas, quando o indivíduo, raciocinando em termos proposicionais, consegue considerar todas as hipóteses possíveis para a solução de um dado problema, e, através da manipulação isolada de cada variável pertinente — e de descentrações sucessivas —, consegue atingir a solução desse problema. Antes disso, o que caracteriza a inteligência é o raciocínio transdutivo, em que o pensamento vai do particular ao particular, sem nunca atingir a generalização necessária para a compreensão do silogismo.

Deste ponto de vista, o silogismo pode ser encarado como simbolizando o lugar onde se pode detectar se o sujeito é capaz de raciocinar logicamente ou não, visto que, apesar de sua estrutura aparentemente verdadeira, podem ocorrer contradições, incompatibilidades etc., quer entre os termos sujeitos, quer entre os termos predicados, dentro de um mesmo silogismo, ou ainda entre um silogismo e outras formas de conhecimento, como, por exemplo, o conhecimento heurístico.

Piaget chama a essas operações de *"operações de segunda potência"* (p. 14), e afirma que o indivíduo só é capaz de realizá-las quando atinge o estágio operatório formal.

Portanto, do ponto de vista da psicologia genética, o raciocínio dedutivo exige que o indivíduo seja capaz de descentrar o seu pensamento do conhecimento de primeiro grau. Exige, ainda, que esse pensamento seja reversível, e que seja capaz de considerar, além do real, também o virtual, o provável, o possível. Como veremos, alguns destes postulados são discutíveis e questionáveis quando se tenta explicar o raciocínio lógico de adultos não-alfabetizados que vivem em uma sociedade letrada.

Na linha de estudos sócio-interacionistas, Luria (1977), analisando o silogismo do ponto de vista de uma visão marxista, afirma que ele é um dos produtos do desenvolvimento sócio-histórico, e deriva-se, por um processo dialético, do aparecimento de novos códigos de pensamento, tal como os códigos lógicos. Para o autor,

"Foi deste modo que ocorreu a transição da consciência sensorial para a racional, um fenômeno que os clássicos do marxismo encaram como um dos mais importantes na História" (op. cit., p. 101).

Continuando, o autor faz considerações acerca da natureza do silogismo, que ele define como sendo "(...) um conjunto de julgamentos individuais que possuem graus variados de generalidade dentro de certas relações objetivamente necessárias" (p. 101).

A estrutura formal do silogismo, diz Luria, ao contrário do que pensavam alguns psicólogos fenomenológicos, não espelha "as propriedades básicas da consciência humana"; (p. 101) (No caso, pode-se subentender uma crítica à posição de Piaget, descrita acima) é, antes, atingida pela evolução intelectual decorrente da evolução histórica. O silogismo, assim, faz parte de um sistema lógico de códigos, cuja função é servir de canal para que os conceitos sejam expressos. Diz Luria a respeito:

"À medida que o pensamento teórico se desenvolve, o sistema torna-se cada vez mais complexo. Em acréscimo às palavras (mais precisamente, significados que possuem uma estrutura conceitual complexa) e às sentenças (cuja estrutura lógica e gramatical permite que funcionem como sustentáculos básicos dos raciocínios), este sistema também inclui 'artifícios' mais complexos e lógicos que tornaram possível realizar as operações de dedução e inferência sem necessidade de obter apoio da experiência direta" (p. 101).

O silogismo constitui-se, para o autor, num desses *artifícios*, ou *esquemas lógicos*.

Em outro local, Luria (1979) usa o termo *matrizes* para designar os produtos do desenvolvimento cognitivo quando examinados do ponto de vista sócio-histórico:

"O sistema objetivo de matrizes que se formaram no processo de desenvolvimento histórico e se reflete tanto na atividade material do homem quanto no sistema da língua, deve servir de base a formas mais complexas do pensamento, assegurando uma operação de raciocínio e conclusão" (p. 102).

Como exemplos de matrizes, o autor cita as estruturas sintáticas e lexicais das línguas, e as "matrizes lógicas objetivas determinantes dos nexos que surgem na consciência evoluída do homem". (p. 104) O silogismo inclui-se entre estas últimas. Sobre ele, afirma Luria:

"O silogismo (...) é o resultado de uma longa experiência prática, refletida num esquema lógico restrito (...)". (pp. 104-105)

e prossegue:

"Na história da linguagem e na história da lógica formaram-se meios objetivos, que automaticamente *transmitem ao indivíduo a experiência das gerações,* livrando-o da necessidade de obter informação da prática individual imediata e permitindo-lhe *obter o juízo correspondente por via teórica, lógica*" (p. 105).

Pelo exposto anteriormente, pode-se concluir que o silogismo constitui-se num lugar privilegiado para se estudar o desenvolvimento cognitivo, quer do ponto de vista ontogenético, quer do filogenético. Verificar como esse discurso formalizado é lido por grupos não-alfabetizados que vivem em sociedades letradas é também, em parte, determinar se, e como, seus processos mentais foram afetados pelas mudanças sociais, e se as alterações porventura existentes podem ser explicadas apesar da ausência da variável considerada até agora como a mais importante para o desenvolvimento cognitivo: a aquisição da escrita. Em outras palavras, uma pesquisa que utilize silogismos pode vir a esclarecer pontos obscuros relacionados à classificação pejorativa das *culturas primitivas* ou *inteligência prática*, que, comumente, por serem iletradas, são consideradas como "sabendo menos", ou incapazes de raciocinar para além do factual e subjetivo.

Existem mudanças desenvolvimentais que classicamente são atribuídas à alfabetização, mas podem ocorrer em sua ausência, e, portanto, requerem explicações alternativas? Esta é a questão básica que pode ser em parte respondida pelo estudo aqui empreendido.

Escrita e raciocínio lógico

A aquisição da escrita (no sentido de "alfabetização", dado no início deste livro) tem relação causal necessária com o raciocínio lógico? Isto é, o segundo dependeria da primeira? Muitos teóricos e pesquisadores sustentam essa posição. Nesta seção, veremos como essa relação escrita/raciocínio lógico é tratada na bibliografia mais relevante.

Algumas pesquisas procuram mostrar que, aparentemente, saber escrever e ler parece ser fator central determinante da habilidade para raciocinar dedutivamente, atingindo uma conclusão dentro de um discurso formalizado. Argumentam que o domínio da escrita garantiria ao sujeito a possibilidade de se afastar do conhecimento factual e da experiência pessoal, ao mesmo tempo em que lhe possibilitaria considerar o silogismo como um construto essencialmente teórico, dependente apenas do conteúdo proposicional. Do mesmo modo, a capacidade para enxergar as duas premissas em termos de inclusão de conjunto só seria atingida por indivíduos alfabetizados.

Discutindo a relação entre a linguagem escrita e o aparecimento das chamadas funções mentais superiores, Scribner e Cole (1981) afirmam que, ao contrário da linguagem oral, que não se presta para exprimir conceitos abstratos ou proposições lógicas,

> "a linguagem escrita (...) tem uma sintaxe apropriada para a expressão de relações analíticas. E é durante a sua produção que o escritor é forçado a engajar-se em operações abstratas que fornecem a base para a substituição de representações imagísticas por conceitos verdadeiros" (p. 6).

Ainda segundo os autores, devido ao fato de ser concretamente permanente (através de símbolos visuais), a linguagem escrita possibilita o aparecimento de operações intelectuais que eram impossíveis de ocorrer com o sistema oral, devido à sua transitoriedade. Afirmam ainda que a linguagem escrita permite a checagem e avaliação de inconsistências de raciocínio que passam desapercebidas na tradição oral. Portanto, torna-se explicável porque a Lógica formal, os silogismos, a inferência lógica só puderam ser sistematizados por Aristóteles, no período de expansão da escrita na Grécia antiga, quando grande parte da população já dominava o sistema fonético.

Em resumo, Scribner e Cole escrevem:

> "(...) a linguagem escrita favorece conceitos abstratos, raciocínio analítico, novos modos de categorização, uma abordagem lógica à linguagem". (p. 7)

Piaget, nos *Écrites Sociologiques* (1928), discutindo o pensamento lógico dos povos *primitivos*, acha que a sua *função* é, tal como o pensamento *civilizado*, a de buscar a coerência e o equilíbrio. No entanto, diz ele, existe uma diferença na *estrutura* dos dois tipos de pensamento: enquanto que o primeiro busca uma coerência de ordem afetiva ou motora, o segundo busca uma coerência lógica, ou intelectual. Deste modo, o raciocínio lógico-verbal é atingido com o desenvolvimento progressivo das estruturas intelectuais.

Voltando ao dualismo estrutura x função e sua aplicação ao raciocínio lógico, Piaget (op. cit.) afirma ainda que "os princípios da lógica aplicam-se somente a uma realidade axiomatizada" (p. 64), diferente daquela existente nas culturas primitivas.

Piaget acredita também que o desenvolvimento do raciocínio lógico deve-se especialmente ao que ele denomina "mecanismos sociais". (p. 65) Dois desses mecanismos são especialmente destacados pelo autor: a coerção social e a cooperação. O primeiro existe, quando, em um dado grupo social, intervém "um elemento de autoridade e de prestígio". (p. 66) O segundo é o oposto, ou seja, um tipo de relacionamento social onde "não intervém qualquer elemento de autoridade ou de prestígio". (p. 67) A seguir, Piaget afirma que a cooperação gera a razão, enquanto que a coerção social gera a pré-lógica, acrescentando que "(...) a mentalidade primitiva é, com certeza, o produto mais significativo da coerção social" (p. 68).

Com relação ao estatuto atual do paradigma piagetiano aplicado a estudos transculturais, Dasen (1977) afirma que, do seu ponto de vista, as pesquisas nesse campo tenderão a mostrar que, primeiro, as invariantes funcionais, tais como equilibração e adaptação, deverão de fato aparecer como processos universais, e, segundo, que a hipótese segundo a qual os povos primitivos não teriam atingido as operações concretas cairia por terra, desde que se criassem tarefas adequadas, ou desde que se treinassem os sujeitos em uma tarefa específica. Ainda na opinião do autor, as diferenças que se têm observado entre "primitivos" e "civilizados" são antes de desempenho que de competência, e desempenhos diferentes devem ser creditados a diferenças *culturais*, e não cognitivas.

Dentro da visão sócio-interacionista, temos que, por exemplo, para Vygotsky, (1984) a linguagem escrita constitui-se num segundo nível de mediação entre o cognitivo e o social, um simbolismo de segunda ordem, criado no momento em que os homens perceberam que poderiam desenhar, "além de coisas também a fala". (p. 131) A aquisição da escrita, para o autor, representa o coroamento de um processo histórico de transformação, a diferenciação no uso de instrumentos mediadores, bem como a causa da elaboração de formas diferentes de comportamento, culminando no aparecimento das funções mentais superiores. Para o autor, "operar com o significado de coisas leva ao pensamento abstrato" (op. cit., p. 115), ao mesmo tempo em que leva a um processo de internalização e de transformação das atividades intelectuais. A linguagem escrita, então, porque possibilita que se simbolizem símbolos (que são as palavras), representa, no limite máximo, a transformação de processos intrapsicológicos em processos interpsicológicos, e a conseqüente aquisição de comportamentos formalizados de maneira mais elaborada, como é o caso do raciocínio lógico. Essa visão dialética explica o desenvolvimento como produtos gerados pelo processo de mediação entre o histórico-social e o cognitivo, produtos esses que por sua vez passam a contribuir para aquele processo, modificando-o, e assim por diante.

Para Vygotsky (1979), a linguagem escrita, por ser um diálogo com o interlocutor ausente, coloca no emissor demandas intelectuais bastante mais complexas do que o discurso oral. Diz ele:

> "No discurso escrito, ao qual faltam os apoios situacionais, tem-se que conseguir a comunicação por recurso exclusivo às palavras e suas combinações. Isto exige que a atividade discursiva assuma formas complicadas" (p. 189).

A seguir, falando sobre os rascunhos, diz o autor que a produção do discurso escrito requer que se elaborem rascunhos mentais, os quais constituem-se de fato numa manifestação do discurso interior, isto é: o indivíduo é capaz de representar-se a situação ausente de diálogo e de "pensar as palavras, em vez de as pronunciar" (p. 177).

Obviamente, em termos psicológicos, Vygotsky relaciona o completo domínio da escrita com o aparecimento das funções intelectuais superiores, entre as quais se inclui o raciocínio lógico.

Um dos trabalhos mais importantes de investigação sobre as relações entre a escrita e o desenvolvimento cognitivo é o de Luria (1977). Seu trabalho é fundamental por dois motivos: em primeiro lugar, porque é um pioneiro na Psicologia, em estudos deste tipo; em segundo, porque Luria realizou suas pesquisas num momento e num lugar que apresentavam características ótimas para as mesmas. O próprio autor assim prefacia seu livro:

> "A história deste livro é um tanto insólita. Todo o seu material observacional foi coletado em 1931-32, durante a reestruturação mais radical da União Soviética: a eliminação do analfabetismo, a transição para uma economia coletivista, e o reajuste da maneira de viver aos novos princípios socialistas. Este período ofereceu uma oportunidade única para observar quão decisivamente todas estas reformas efetuaram não somente um alargamento de perspectivas, como também mudanças radicais na estrutura dos processos cognitivos". (p. V)

A principal tese de Luria é que mudanças sociais acarretam mudanças profundas e fundamentais nos processos mentais. Conforme afirma Cole (1977), o objetivo de Luria

> "(...) foi mostrar as raízes sócio-históricas de todos os processos cognitivos básicos; a estrutura do pensamento depende da estrutura dos tipos de atividades dominantes em diferentes culturas. Deste conjunto de suposições, segue-se que o pensamento prático irá predominar em sociedades que se caracterizam por manipulações práticas de objetos, e a atividade mais 'abstrata' ou 'teórica' das sociedades tecnológicas induzirá um pensamento teórico, mais abstrato" (pp. XIV, XV).

Na tentativa de demonstrar que alguns processos mentais somente aparecem como decorrência de apropriadas atividades sociais, Luria levou a efeito, então, um estudo nas regiões do Uzbequistão e

Kirghizia, as quais, logo após a revolução comunista de 1917 na (então) Rússia, sofreram mudanças radicais, passando, de uma economia e meios de produção característicos da pré-industrialização, para um acelerado avanço tecnológico, em todas as áreas, inclusive no concernente ao aspecto escolar. Desse modo, havia regiões onde velhos aldeões não-alfabetizados, que não haviam ainda tido qualquer contato com as inovações tecnológicas e sociais que estavam sendo introduzidas pelo novo "status quo", conviviam com jovens já engajados no processo de mudanças sociais que estavam sendo introduzidas.

Luria descreve a economia e as atividades de produção dessas regiões como sendo, na época, feudais, primitivas, e a cultura como sendo iletrada, com marcada influência do islamismo. Com o regime comunista, foi implantado na região um sistema coletivo de produção agrícola, e, ainda, segundo o autor, a indústria começou a desenvolver-se. Ao mesmo tempo, a abertura de escolas desencadeou o processo de alfabetização do povo.

Foi durante essa época de mudanças sociais profundas e rápidas que Luria aplicou, seguindo o método clínico, uma bateria de testes aos habitantes dessa região.

Um desses testes tinha por objetivo medir a compreensão de silogismos de dois tipos: contendo premissas cujos conteúdos eram familiares aos sujeitos, e premissas cujos conteúdos não eram familiares (no primeiro caso, o autor esperava que a experiência prática influiria nas inferências, e, no segundo caso, que as inferências seriam puramente teóricas).

Os silogismos apresentados tinham a seguinte estrutura: duas premissas apresentadas da forma usual, e a conclusão apresentada sob a forma de pergunta, que induzia a inferência, ou conclusão lógica.

Exemplo de silogismo do tipo relacionado à experiência prática:

"O algodão cresce onde é quente e seco.
A Inglaterra é fria e úmida.
Cresce algodão lá, ou não?" (p. 107)

Exemplo de silogismo com conteúdo "teórico":

"No extremo Norte, onde há neve, todos os ursos são brancos.
Novanga Zemlya é no extremo Norte.
De que cor são os ursos lá?" (p. 107)

Os sujeitos testados, em número de vinte, foram distribuídos em um grupo experimental, composto de quinze camponeses iletrados e um grupo-controle, composto por cinco indivíduos que eram trabalhadores das fazendas coletivas, e que tinham tido escolarização durante um ou dois anos.

Os resultados que Luria obteve, em resumo, foram os seguintes:

Os sujeitos do grupo experimental não demonstraram perceber que o silogismo formava um todo. Percebiam cada parte como isolada das demais. Logo, conforme explica o próprio autor, "os silogismos não são percebidos por estes sujeitos como sistemas lógicos unificados" (p. 106).

Em oposição, os sujeitos do grupo-controle, "(...) com alguma escolaridade, repetiam os silogismos sem grandes dificuldades. Depois de uma ou duas repetições, eles geralmente reproduziam as figuras silogísticas corretamente" (p. 107).

Quanto às inferências, os sujeitos do grupo experimental recusaram-se a fazê-las com os dois tipos de silogismos, sendo a recusa mais enfática com os silogismos "teóricos", isto é, "(...) os sujeitos se recusaram a recorrer à inferência lógica a partir das premissas dadas" (p. 108). No entanto, apesar de não fazerem inferências, eles demonstraram ser capazes de tirar conclusões a partir de suas próprias experiências, isto é, os sujeitos não-alfabetizados foram capazes de fazer inferências válidas, e, portanto, de raciocinar logicamente, desde que tivessem como referência fatos de seu conhecimento e relacionados à sua experiência.

Luria conclui seu estudo afirmando que "(...) à medida que as formas básicas de atividades mudam, que o letramento é expandido, e um novo estágio de prática social e histórica é atingido, grandes mudanças ocorrem na atividade mental humana. Elas não estão limitadas simplesmente a uma expansão dos horizontes do homem, mas envolvem a criação de novos motivos para a ação, e afetam radicalmente a estrutura dos processos cognitivos" (p. 161).

Os pontos colocados por Luria são fundamentais para emoldurar a argumentação teórica que apresentei no início deste livro. Por outro lado, como veremos a partir do próximo capítulo, as mudanças constatadas por Luria parecem, nas sociedades modernas, que são mais complexas, e vão além da capacidade para compreender silogismos e fazer inferências. Os dados que vou apresentar a seguir parecem mostrar que o letramento influi profundamente na compreensão e produção do discurso, e que pessoas não-alfabetizadas conseguem descentrar seu raciocínio em situação dialógica, comparando planos de referência que estão em jogo no contexto da enunciação e decidindo sobre qual argumento é mais relevante para a situação particular em que se encontram no momento.

CAPÍTULO II
Produção de sincretismos

Conforme expliquei na Introdução, a análise do material transcrito foi feita sem a determinação de categorias prévias. Nessa investigação preliminar, eu procurava detectar, no discurso dos adultos estudados, procedimentos discursivos que indicassem que eles estavam agindo sobre os silogismos, transformando-os. Tais transformações, após detectadas, constituíram-se no objeto próprio de minha análise.

Os primeiros dados epilingüísticos[1] a me atraírem a atenção foram as ocorrências de *sincretismos*, que, então, foram tomados como indícios reveladores, marcas formais, lugares no discurso onde a própria natureza do conhecimento factual e do mundo desses adultos não-alfabetizados se entremostrava.

---

1. Karmiloff-Smith (ms, s/d.) assim define o que sejam dados epilingüísticos: "(...) os investigadores podem coletar dados 'epilingüísticos', isto é, aproveitar-se do fato de que uma criança acabou de usar um procedimento lingüístico (correta ou incorretamente em um dado contexto), ou acabou de auto-corrigir-se, e então questionar imediatamente a criança sobre seu comportamento auto-gerado" (op. cit. p. 3). Deste modo, o dado epilingüístico equivale ao produto de uma introspecção do sujeito realizada sobre o seu processo de produção da linguagem. O dado epilingüístico difere em natureza do chamado "metalingüístico", pelo fato de que este último é obtido através de perguntas diretas feitas pelo investigador, relativas ao conhecimento formalizado sobre as regras da língua, além de pressupor *controle* e *consciência* dos processos cognitivos por parte do sujeito, fatores que não estão presentes no comportamento epilingüístico.

Ainda na Introdução, durante a exposição da metodologia, vimos que a coleta de dados passou por três etapas: resposta, justificativa e repetição, as quais procuravam propiciar aos sujeitos uma oportunidade para que, em seu discurso, surgisse a atividade meta-enunciativa. Os sincretismos, por serem produzidos nesses momentos, podem ser classificados como um tipo de dado epilingüístico. Neste capítulo, pretendo investigar a natureza desses sincretismos do ponto de vista de sua função cognitiva, bem como de sua relação com a característica comum a todos esses sujeitos: a ausência da alfabetização.

O termo *sincretismo*, que etimologicamente significa *combinar*, *fundir*, tem sido usado com alguma freqüência nas Ciências Humanas.

Em lingüística, Dubois et alii, (1978) por exemplo, definem o sincretismo como:

> "... o fenômeno pelo qual os elementos distintos na origem, ou que a análise leva a dissociar-se, encontram-se misturados numa forma única, de maneira aparentemente indissociável" (p. 552).

Em psicologia, entre outros, Claparède, Vygotsky e Piaget utilizaram o termo.

Para Claparède (1907; apud Piaget, 1973) as "percepções sincréticas" referem-se à percepção do conjunto, característica das crianças, a qual, segundo Piaget (op. cit.), antecede a percepção analítica dos detalhes, que é característica dos adultos.

Vygotsky (1979) segue a definição de Claparède, e, aplicando-a ao estudo da compreensão do significado das palavras, afirma que o primeiro significado atribuído pelas crianças às palavras "não denota mais do que uma conglomeração sincrética e vaga dos objetos individuais que duma forma ou doutra coalesceram numa imagem no seu espírito. Dada a sua origem sincrética, essa imagem é altamente instável". (p. 84) Continua Vygotsky:

> "Na percepção, no pensamento e na ação, a criança tende a fundir os elementos mais diversos numa só imagem não articulada sob a influência mais intensa de uma impressão ocasional" (op. cit., p. 84).

Como se percebe, é uma definição bastante semelhante à de Claparède.

Piaget (1928a, 1928b, 1973a), também seguindo a definição inicial de Claparède, estudou mais profundamente, e ampliou a noção de sincretismo.

Neste capítulo, nortearei a discussão sobre os sincretismos produzidos pelos adultos não-alfabetizados aqui estudados, principalmente pelo embasamento teórico fornecido por Piaget. Por esse motivo, apresentarei em detalhes a teoria piagetiana sobre o sincretismo. Quero esclarecer, entretanto, que, apesar de apoiar-me, em princípio, no referencial teórico piagetiano, isto não significa necessariamente que haverá um acordo total de minha parte com a teoria em questão. Pelo contrário, em muitos aspectos mostrarei que a explicação que Piaget oferece para o sincretismo infantil (e que ele estende aos povos "primitivos") é muitas vezes inadequada para explicar o sincretismo dos sujeitos aqui estudados, e talvez, por extensão, dos adultos não-alfabetizados que vivem em sociedades complexas, como um todo.

Piaget (1928a), definiu o sincretismo como sendo "(...) a tendência a perceber e a conceber as coisas globalmente, e a relacionar, assim, tudo, ao sabor de aproximações subjetivas" (p. 72). Ele encontrou muitos casos de sincretismos ao estudar crianças de 9 a 11 anos, as quais, após ouvirem e explicarem um provérbio, escolhiam, em uma lista de frases, aquela que melhor explicaria o provérbio. As construções formadas por estas crianças foram denominadas de "sincretismos verbais", os quais Piaget define como "(...) tendência (...) a compreender as palavras, não por reflexão analítica, mas em função do esquema global da frase, sendo este esquema devido a uma visão imediata e bastante pessoal" (id.).

Piaget (1973a) divide os sincretismos verbais em dois tipos: da compreensão e do raciocínio.

O sincretismo da compreensão engloba casos em que, por não entender uma ou várias palavras de uma frase, a criança ignora-as, e interpreta a frase somente em função das palavras entendidas. Forma com estas um esquema de conjunto, o qual vai utilizar para interpretar aquelas palavras "difíceis". Trata-se, aqui, de um processo de deformação dos elementos constituintes de uma proposição, durante o qual o conjunto global é compreendido antes das partes que o compõem, e estas partes, por sua vez, são compreendidas em função daquele conjunto, o qual nem sempre fornecerá a interpretação correta das palavras, visto que o esquema de conjunto pode estar "deformado".

> "Nov (12;11) assimila 'Limando-se faz-se de uma trave uma agulha' com 'Aqueles que dissipam seu tempo cuidam mal de seus negócios' 'porque limando quer dizer que à força de limar ela (uma trave) fica menor. Aqueles que não sabem o que fazer do seu tempo, eles limam, e aqueles que mal cuidam dos seus negócios fazem duma trave uma agulha: ela fica sempre menor, não se sabe o que fazer da trave' (cuida-se mal dela, portanto)" (pp. 225-6).

Como se pode verificar, o seguinte processo ocorreu acima: ao entrar em contato com uma proposição (provérbio), o raciocínio sincrético formou um esquema global, o qual condensa as "representações concretas e imaginadas que a leitura provoca" (id. ibid., p. 227).

O amálgama resultante passou então a ser utilizado pela criança para compreender a frase que corresponderia ao provérbio. Neste momento, diz Piaget, dá-se uma "digestão" da frase, que a criança assimila aos elementos do esquema formado para compreender o provérbio.

Esses esquemas globais são formados por síntese subjetiva. Essa inexistência de implicações objetivas, diz Piaget, é explicada pelo caráter egocêntrico do raciocínio infantil, e pela necessidade de justificação a qualquer preço. Esta última, segundo o autor, é determinante do egocentrismo, e pode ser resumida pela frase: "Tudo se liga a tudo, e nada é fortuito" (p. 230). Essa necessidade faz com que a criança procure aproximar fatos aparentemente sem qualquer ligação entre si, "como se (...) excluísse inteiramente o acaso da marcha dos acontecimentos" (p. 230).

Deste modo, no raciocínio sincrético, a criança realiza uma "fusão global de duas proposições", (p. 222) descarta a existência do acaso (tudo tem sua explicação), e assimila toda idéia nova a alguma outra que já tenha ocorrido.

O exposto acima resume como Piaget conceitua o sincretismo.

Retornando agora aos adultos não-alfabetizados, gostaria, antes de iniciar a análise dos sincretismos produzidos por eles, de justificar a pertinência de um estudo deste gênero com adultos. A possibilidade de se atribuir raciocínio sincrético aos povos primitivos, na verdade, é sugerida pelo próprio Piaget. Com efeito, nos *Écrits Sociologiques*, (1928) ao traçar um paralelismo entre a mentalidade da criança e a mentalidade primitiva, o autor afirma existirem "(...) surpreendentes semelhanças funcionais entre as normas lógicas, e mesmo morais, adotadas por uma e outra", (id., ibid., p. 69) e cita, entre essas semelhanças, o caráter global, não-analítico do pensamento, ou seja, o *sincretismo*.

Antes de iniciar a discussão propriamente dita, apresento uma explicação sobre a estruturação deste capítulo: inicialmente, a título de ilustração, apresentarei uma análise descritiva de um exemplo de sincretismo produzido por um sujeito. Procurarei mostrar quais elementos estruturais servem para caracterizar o exemplo em questão como um sincretismo, e adiantarei alguns problemas teóricos a respeito de uma argumentação explicativa para a produção de sincretismos no caso destes adultos. A seguir, apresentarei um estudo mais formalizado dos sincretismos que ocorreram com os sujeitos do Grupo I (premissas maiores normativas).

Na parte denominada "Tentativa de definição do processo", procuro integrar a abordagem teórico-explicativa e as descrições dos sincretismos anteriores, tentando aprofundar as explicações em termos de uma teoria de funcionamento cognitivo. A seguir, estendo a análise e as explicações aos sincretismos produzidos pelos sujeitos do

Grupo II (premissas maiores descritivas), e, finalmente, apresento alguns dados quantitativos, e levo a efeito uma discussão a respeito.

Um exemplo introdutório

Sincretismo n. 1

O. respondeu corretamente ao silogismo n. 10[2] (Grupo I — Experimental): "Ele vai indo longe".

Ao justificar sua resposta, disse:

"Porque ele vai longe; se acontecê qualquer algo com ele, o cachorro volta prá avisar que aconteceu algum acidente".

Os enunciados acima constituem-se num sincretismo, cuja estrutura passo a analisar. Em primeiro lugar, existe indicação, pela resposta correta dada ao silogismo ("Ele vai indo longe"), que O. compreendeu as relações de significado estabelecidas entre as premissas, bem como que conseguiu deduzir, dessas relações, a resposta lógica solicitada pela pergunta: "Ele vai longe ou perto da fazenda?".

Em segundo lugar, ao dar sua justificativa. O. inicia-a incorporando uma parte literal do silogismo: "Porque ele vai longe"; porém, logo em seguida, ao invés de continuar atendo-se apenas ao conteúdo proposicional das premissas, acrescenta: "(...) se acontecer (...) algo com ele, o cachorro volta prá avisar (...)". O., ao dizer isto, separou-se do conteúdo lógico do silogismo, mas não rompeu

---

2. O silogismo em questão e a descrição da gravura utilizada são: *Descrição* da gravura: Uma paisagem da caatinga. Em primeiro plano, um homem a cavalo, vestido com roupa de couro, com um cachorro ao lado.

Apresentação da gravura feita pela entrevistadora ao sujeito: "Este (apontando) é o João. Ele é vaqueiro. Este (apontando) é o burro Pinhão. E este (apontando) é o cachorro de João. O nome dele é Xote".

Silogismo: "O João só leva o cachorro Xote junto quando vai longe da fazenda.

Hoje ele está levando o Xote (apontando).

Ele vai indo longe, ou perto, da fazenda?"

totalmente com seu esquema de conteúdo *referencial*. Tanto assim é que continua falando do cão, somente que de um outro plano referencial, qual seja, daquele da sua própria experiência pessoal, segundo a qual o cachorro é um animal que serve para guardar e proteger o dono do perigo.

O que ocorreu nesse exemplo, a meu ver, foi o seguinte processo: durante um certo tempo, o raciocínio de O. conseguiu centralizar-se somente no quadro referencial fornecido pelas premissas. Logo, entretanto, esse referencial foi assimilado por um esquema de conjunto relativo ao conhecimento factual e prático do sujeito, especificamente relacionado à função do cão como animal de guarda. Vê-se aí claramente a intervenção do interdiscurso no intradiscurso: o já-lá, aquilo que já fazia parte da memória enunciativa do sujeito, retorna e funde-se com a aparente novidade do silogismo.

Deste modo, da formulação inicial do silogismo somente uma palavra ficou, e foi esta que funcionou como elemento de ligação entre o silogismo e a justificativa de ordem prática; refiro-me à palavra "cão". O significado de "cão", que para O., está ligado ao conhecimento prático, assimilou as relações lógicas, e até mesmo as referências individuais do silogismo, transformando a implicação, ou a dedução lógica, num arrazoado sobre a utilidade do animal doméstico.

Insere-se aqui, talvez, uma discussão sobre os conceitos de "conhecimento prático" e "conhecimento lexical", discutidos por Miller (1977). O autor usa os dois termos para tentar explicar a forma de conhecimento que pode estar associada, na mente dos falantes, ao uso de nomes que designam categoria. Ele define o conhecimento prático como aquele que se refere "(...) ao conhecimento geral que a pessoa tem sobre o mundo e as coisas que acontecem nele"; (op. cit., p. 400) enquanto que o conhecimento lexical seria aquele relacionado com "(...) entalhes que se seguem de uma afirmativa de que algo é um membro ou instância de uma categoria" (id. ibid.). No caso que está sendo discutido aqui, a compreensão da palavra "cão", enquanto ocorrência dentro do quadro referencial do silogismo, requer do sujeito um conhecimento do tipo lexical. Este, no entanto, interpreta o significado da palavra de acordo com seu conhecimento prático. Temos aí aquilo que Piaget denominaria sincretismo da compreensão, visto que prevalece o significado individualizado da palavra "cão", que o sujeito usa para interpretar e justificar as proposições do silogismo.

Pessoalmente, entretanto, vejo ainda mais além dos fatos acima expostos, na medida em que os casos de sincretismo que recolhi não parecem confirmar que sejam resultantes do raciocínio egocêntrico, ou da incapacidade de descentração cognitiva. Muito menos se pode dizer que haja "deformação" de proposições. É essa linha argumentativa que tentarei desenvolver neste capítulo.

Acredito que, no caso exposto, assim como naqueles que irei apresentar no decorrer deste capítulo, os sincretismos construídos pelos sujeitos aqui estudados representam exatamente o oposto: existe neles um esforço para descentrar e, deste modo, separar o aspecto formal das premissas do conhecimento pessoal, bem como uma tentativa de acomodação, de recuperação desse conhecimento factual e do mundo. A argumentação a respeito será aprofundada mais adiante, quando discutirei a inter-relação entre assimilação e acomodação no paradigma piagetiano, bem como o papel que ambas desempenham neste trabalho.

Passo, a seguir, à apresentação e descrição de outros casos de sincretismos detectados na linguagem desses adultos.

Estudo dos sincretismos produzidos pelos adultos do Grupo I

O primeiro fato a chamar minha atenção foi que os adultos ora concordam, ora discordam do conteúdo dos silogismos. Este é um ponto importante a ser considerado, na medida em que parece que os adultos utilizam estratégias diferentes em um caso e no outro, e estas diferentes maneiras de lidar com os silogismos e seus conteúdos refletem-se nos sincretismos encontrados. Por este motivo, dividirei em duas partes o estudo dos sincretismos nos sujeitos: aqueles que ocorrem quando o sujeito *concorda* com o conteúdo do silogismo, e aqueles que ocorrem quando o sujeito *discorda* do conteúdo do silogismo.

Esclareço melhor esses dois aspectos: *concordar* com o conteúdo do silogismo significa que o sujeito em questão adotou uma, ou as duas opções seguintes: em primeiro lugar, deu uma resposta *certa* para a questão que, no silogismo, estava no lugar da conclusão. Em muitos casos, essa resposta equivalia a uma concordância com o conteúdo das premissas, especialmente quando a questão era do tipo Interrogativa sim/não, como, por exemplo, o silogismo n. 1 do Grupo I,[3] ou o silogismo n. 2 do Grupo II.[4] Outra evidência de que o sujeito concordava com o conteúdo do silogismo está no fato de que o sincretismo produzido era solidário (pertence à mesma região de sentido) àquele do silogismo. Os exemplos apresentados a seguir ilustrarão melhor este aspecto.

Do mesmo modo, a *discordância* com o conteúdo do silogismo era explicitada pela resposta *errada* dada à questão equivalente à conclusão, e/ou então pelo fato de o sincretismo construído não ser solidário ao conteúdo do silogismo. Retornarei adiante a estes aspectos, analisando-os do ponto de vista explicativo. Acrescento ainda que, ao verificar os sincretismos dos dois tipos, pretendo evidenciar que, ao contrário do que Piaget afirma, eles constituem-se em evidências da capacidade de descentração dos adultos estudados. No decorrer da análise, procurarei ainda caracterizar essas descentrações, que transparecem lingüisticamente nos sincretismos, como sendo

---

3. "Só quem mora na cidade pesca no rio Taguá.
Pedro pesca no rio Taguá.
Ele mora na cidade, ou não?"
4. "Os ursos não moram em lugares quentes.
O deserto do Saara é um lugar muito quente.
Moram ursos lá, ou não?"

parte da estratégia argumentativa do sujeito para adaptar o conteúdo dos silogismos ao seu conhecimento factual e experiência pessoal.

Sincretismos que ocorreram quando o sujeito concordava com o conteúdo do silogismo

Um exemplo desse tipo de sincretismo é encontrado na justificativa dada por D. à resposta positiva do silogismo n. 3[5] (Grupo I — Controle).

Sincretismo n. 2

> "Porque às veiz, né, às veiz é o principal do corpo da pessoa, às veiz é o leite, né? Quer dizer que faiz bem pro corpo da pessoa o leite, né."

Dois aspectos devem ser ressaltados na citação acima: o primeiro deles refere-se ao afastamento das relações lógico-formais do silogismo, e ao modo como isso é feito. Note-se que, tal como foi verificado para o primeiro exemplo apresentado neste capítulo (sincretismo n. 1) aqui também somente uma palavra restou: neste caso, a palavra "leite". Em função dessa palavra é que D. constrói sua justificativa, a qual já não contém nada das relações lógico-formais do silogismo original, e muito menos do quadro referencial contido no mesmo. O segundo aspecto relaciona-se ao significado do sincretismo construído pelo sujeito: partindo da palavra "leite", ele construiu uma justificativa, conforme já vimos, que não é sugerida pelas relações de significado estabelecidas nas premissas do silogismo. O conteúdo desta justificativa é, antes, retirado de um conhecimento de cunho alético, adquirido pelo sujeito através da experiência, o qual

---

5. "Todos os filhos e filhas do João tomam leite.
Ana é filha do João.
Ela toma leite, ou não?"

corresponderia a fórmulas "encapsuladas" (de Lemos, 1983) do conhecimento do mundo. Neste caso específico, conforme já verifiquei ao estudar o uso de modalidades aléticas pelos adultos não-alfabetizados (Tfouni, 1984), existem *"slogans"* subjacentes do tipo:

"Beba mais leite!"
"Leite é bom para a saúde!"

Essas receitas de conhecimento, fórmulas prontas que sintetizam as crenças e a ideologia de uma determinada sociedade, estão presentes quase literalmente no sincretismo visto acima: "Faiz bem pro corpo da pessoa o leite, né."

Conforme verei de forma mais detalhada à medida que for desenvolvendo este capítulo, acredito que este uso de formas genéricas ("O leite é o principal pro corpo da pessoa") retiradas do cotidiano, em substituição ao genérico presente no silogismo ("Todos os filhos e filhas do João tomam leite") representa uma forma de descentração feita por D., na tentativa de libertar-se da forma fechada do silogismo e recuperar a posse e o uso de seu conhecimento experiencial, o uso de seu discurso próprio. Este processo, em última análise, representa uma tentativa de modificação de uma situação que coloca em cheque sua posição enquanto interlocutor, bem como suas crenças, tabus etc. Assim é que o locutor recusa a perspectiva impessoal da lógica e vai na direção do conhecimento de senso comum através da produção de sincretismos.

Outros exemplos de sincretismos produzidos quando o sujeito concordava com o conteúdo do silogismo ocorreram com silogismo n. 10[6] (Grupo I — Controle). Um dos sujeitos, após responder corretamente à pergunta ("Vai longe"), justificou sua resposta assim:

---

6. "Os vaqueiros só levam seu cachorro junto quando vão longe da fazenda.
O vaqueiro João sempre leva seu cachorro junto.
Ele vai longe ou perto da fazenda?"

Sincretismo n. 3

"Porque ele vai longe; se acontecê qualquer algo com ele, o cachorro volta prá avisar que aconteceu algum acidente."

Outro adulto também respondeu corretamente, e justificou-se da seguinte maneira:

Sincretismo n. 4

"Porque qualquer coisinha o cachorro dá o sinal."

O conteúdo dos dois enunciados é semelhante, ou seja, situam-se na mesma zona de sentidos, na mesma região discursiva, na medida em que se centralizam, também, tal como foi visto para os outros casos de sincretismo, numa das palavras do silogismo, neste caso, "cachorro". Por outro lado, os dois sujeitos também distanciam-se do conteúdo das premissas. Seria o caso de afirmar-se que o esquema de conjunto formado para a palavra "cachorro" assimilou o conteúdo global do silogismo, tal como Piaget diria?

Não creio ser esse o caso. Uma das evidências que apresento é a primeira parte dos enunciados do sincretismo n. 3 quando o adulto afirma: "Porque ele vai longe", que faz também parte do conteúdo proporcional do silogismo. Por outro lado, acredito também que, ao contrário do que Piaget enfatiza, não há "digestão" de um conjunto por outro. Há, isto sim, a meu ver, um estabelecimento de planos por parte do sujeito: o plano do teste propriamente dito, e o plano em que ele reafirma, ou coloca apenas, sua maneira de pensar sobre o assunto. (Apronfundarei esta colocação na parte deste capítulo intitulada "Os planos de referência e seu papel"). Note-se que nestas duas ocorrências de sincretismo temos também uma asseveração genérica, que está implícita, mas pode ser facilmente recuperada: "O cachorro é amigo do homem". Aparentemente, os dois adultos, ao construírem esses sincretismos, estão tentando estabelecer para si, e para o interlocutor, esta outra verdade do cotidiano.

Para o silogismo n. 12[7] (Grupo I — Experimental) recolhi mais um caso de sincretismo. Este ocorreu durante a resposta:

Sincretismo n. 5

> "Bom, eles já almoçaram. Essa visita deve ser assim... como é visita, eles ofereceram um cafezinho prá visita porque geralmente todo mundo oferece um café prá visita..."

Observe-se que a resposta ao silogismo está correta. Logo a seguir, no entanto, este sujeito acrescenta algo que não lhe fora solicitado ainda, ou seja, uma justificativa. Esta é totalmente baseada na palavra "visita" e no esquema que este adulto tem para esta palavra, esquema este que está, mais uma vez, formulado em termos genéricos, de comportamentos típicos de um grande número de pessoas em nossa cultura quando recebem uma visita: oferecer um café.

Neste caso, o conhecimento genérico é de natureza diferente do conhecimento genérico subjacente à significação atribuída a "cão" anteriormente. Se, naquele caso, a base para o estabelecimento do genérico era o conhecimento funcional, no caso de "visita" o genérico foi aparentemente determinado a partir de rotinas sociais. É quase como se, fazendo parte do sentido nuclear da palavra "visita", houvesse, para este adulto, a seguinte asseveração implícita: "Sempre se oferece um café para as visitas".

---

7. *Descrição* da gravura: Dois casais sorridentes, sentados em uma sala de visitas, tomando café.

Apresentação da gravura: "Esses quatro (apontando) são amigos. Eles estão se visitando".

Silogismo: "Todas as pessoas só tomam café depois do almoço. Agora, eles (apontando) estão tomando café.

Eles já almoçaram, ou não?".

Será este sincretismo o produto de uma necessidade de justificativa a qualquer preço, conforme diria Piaget? Parece-me que não, pelo seguinte: a segunda parte ("Essa visita...") é tão complementar à resposta ("... eles já almoçaram") como seria a justificativa "correta" do silogismo. O que ocorre, neste caso, é que o adulto abre o leque de alternativas (que é fechado, no silogismo, pois restringe-se à situação "depois do almoço") para englobar uma situação mais ampla, que é a de "receber visita". Trata-se, aí, não de uma necessidade de responder *qualquer* coisa para sair-se bem do teste, como talvez alguns poderiam pensar, mas de um restabelecimento do conhecimento genérico sobre as coisas do mundo. Este tipo de conhecimento, produto da internalização de práticas culturais generalizadas, que são ensinadas, em certos grupos sociais, creio eu que mais através da ação do que da linguagem, e que pode ser condensado em regras reguladoras do comportamento (do tipo dos provérbios, por exemplo), este conhecimento, repito, é mais abrangente do que a generalização expressa pela premissa maior do silogismo, a qual, conforme já foi verificado, restringe o "tomar café" à situação "depois do almoço". Conforme explicarei em detalhes mais adiante, creio que temos aqui, antes, um outro exemplo de assimilação do conteúdo do silogismo pelo conhecimento do mundo, assimilação esta que é um produto da capacidade que este sujeito tem para descentrar sua atenção do silogismo, e, sem perdê-lo de vista, ir buscar evidências mais amplas, de uma outra natureza, de um outro nível epistemológico, para aquilo que o silogismo afirma. É, portanto, mais uma prova da capacidade de descentração destes sujeitos, semelhante àquelas já examinadas anteriormente neste capítulo.

Sincretismos que ocorreram quando o sujeito não concordava com o conteúdo do silogismo

Nesta parte discutirei sincretismos que, de um modo geral, ocorreram porque o adulto discordava, de algum modo, das relações de significado expressas pelos silogismos.

Como exemplo inicial, cito a seguinte justificativa dada à resposta (errada) do silogismo n. 12[8] (Grupo I — Experimental).

Sincretismo n. 6

"Ah, não! Decerto levantou, né, naquela hora.
Tá tomando atrasado".

Dois aspectos devem ser ressaltados nesse exemplo. O primeiro deles é que o sujeito demonstra possuir como dado de sua experiência pessoal que as pessoas só tomam café após se levantarem da cama. Este comportamento, interiorizado pelo sujeito como genérico, aplicável a todas as situações possíveis, e decorrente, como já dissemos, do conhecimento de situações específicas de comportamento (no caso, talvez o próprio ambiente familiar do sujeito) entra em conflito com o conteúdo do silogismo, segundo o qual todas as pessoas só tomam café depois do almoço. Temos aí uma situação de contradição, na qual o conteúdo da comunicação, i. é., o teste, nega o conteúdo interiorizado da experiência do sujeito.

O que acontece com o sujeito neste contexto?

Entra aqui o segundo aspecto digno de nota, qual seja, este adulto *reconhece* estar numa situação contraditória. Prova disto é que ele desfaz a contradição amalgamando uma parte de cada enunciado genérico, ou seja: ele junta a parte do silogismo que afirma que as pessoas estão tomando café naquela hora (premissa menor) com a parte de sua experiência, estratificada em forma genérica, a qual afirma que as pessoas tomam café só de manhã, quando levantam. A fim de compatibilizar um com o outro, este sujeito acrescenta um terceiro fator, este contido na premissa maior: é hora de almoço. Só que, a fim de escapar novamente da contradição, deixa implícito que as pessoas citadas no silogismo ainda não almoçaram; antes, levantaram-se na hora do almoço e estão tomando café atrasadas.

---

8. Ver este silogismo na página 59.

A meu ver, o processo de construção de sincretismo descrito acima, cujo objetivo é resolver uma contradição, parece indicar que esta pessoa agiu, no caso, como alguém capaz de solucionar problemas, pois, ao invés de deixar-se enredar pelo conflito, resolve-o de maneira coerente, lógica e "saudável",[9] fazendo prevalecer o seu ponto de vista genérico pessoal sobre o genérico contido na premissa maior do silogismo.

Este procedimento pode ser interpretado, mais uma vez, como produto da capacidade do sujeito para descentrar seu raciocínio diante da contradição, e, juntando as partes compatíveis nessa contradição, conseguiu formar um todo coerente e satisfatório. O exemplo seguinte serve para confirmar e elucidar melhor essas afirmativas. Um outro sujeito deu a seguinte resposta (errada) ao silogismo n. 11[10] (Grupo I — Experimental):

"Hoje (...) pode ser um sábado à noite." (Obs.: O dia mencionado no silogismo foi "domingo").

Como justificativa para essa resposta, O., o adulto em questão, disse:

Sincretismo n. 7

"Bão..., a gente... pelo menos eu gosto de ir no sábado à noite fazê visita, porque no domingo eu posso dormir até mais tarde, né?"

---

9. O termo "saudável" é aqui empregado por antítese, baseado em Watzlawick et alii, (1973), que propõem como provável explicação para a esquizofrenia a impossibilidade que o doente apresenta para desfazer paradoxos e contradições presentes nas comunicações de outras pessoas.

10. *Gravura e Apresentação*: As mesmas expostas na página para o sincretismo n. 12.
Silogismo: "Esses amigos (apontando) só fazem visita de ... (o entrevistador dizia um dia da semana diferente do dia da testagem).
Hoje, eles estão se visitando.
Que dia é hoje?".

À primeira vista, percebe-se a breve hesitação no início do enunciado. O adulto ia iniciar sua justificativa por um genérico indefinido, "a gente", mas substituiu-o, depois, pelo pronome de 1ª pessoa "eu". Interpreto este fato como se segue:

Ao dizer "a gente", este adulto imediatamente percebeu que a forma indefinida poderia abranger mais pessoas do que aquelas que ele queria indicar (inclusive o interlocutor do discurso). Isto significa que as seguintes coordenadas foram tomadas em consideração:

1º) A situação do discurso, a qual incluía ele, adulto, e eu, investigadora;

2º) A experiência individual do adulto e suas preferências pessoais com relação a visitas.

Percebendo que o uso do indefinido "a gente" poderia incluir alguém estranho (no caso, eu) e que esta inclusão poderia não corresponder à verdade com relação aos meus gostos e preferências, o adulto então autocorrige-se, introduzindo-se como agente do discurso, e, portanto, como responsável único pelo que afirma, através do uso da forma "eu".

Novamente temos aí a resolução de uma situação conflitante, somente que este conflito é de uma ordem diferente daquela que vimos para o sincretismo n. 5, pois originou-se da percepção, pelo adulto, da situação de enunciação e não propriamente da incompatibilidade entre o que é expresso nas premissas e o conhecimento de fato do sujeito. Tanto isto é verdadeiro que, após uma segunda leitura do silogismo feita pelo investigador, este adulto não teve dificuldade alguma para perceber que errara, e disse:

"Só aos domingos eles fazem, né?
Bom, então... hoje é domingo."

Mais adiante, justificando esta segunda resposta, ele diz:

"Bom, pela pergunta que a senhora me fez, eu tenho que responder que ele só faz visita aos domingos; tem que sê aos domingo".

Aqui novamente se percebe o estabelecimento de planos de conhecimento por parte deste adulto: o uso alternado, e nunca coincidente, dos três pronomes: "a gente", "eu" e "eles" (este nas citações acima) — denota claramente que o genérico para ele não é o mesmo genérico do silogismo, pois, enquanto este último é absoluto, alético e fechado em si mesmo, o do adulto é relativo, aberto e epistêmico. O próprio adulto demonstra perceber que é necessário estar de acordo com o silogismo, mesmo se este contradisser suas crenças pessoais e não puder ser explicado por elas; nota-se este fato pela tautologia: "Já que eles só faz aos domingo, *tem que* ser aos domingo".[11] Portanto, este adulto raciocinou, neste caso, novamente, como alguém que toma consciência de uma contradição, e, através de descentrações, organiza seus dados em termos de planos, ou níveis, quais sejam: o nível de sua experiência pessoal, o nível do silogismo e seu conteúdo, e o nível do discurso, da situação interacional. Resolve, então, a situação-problema através do uso alternado de "a gente", "eu" e "eles", cada um desses pronomes claramente referindo-se a um dos três planos, atribuindo a cada um sua parcela de verdade e de verossimilhança, e, sem perder de vista seu quadro pessoal de referência, delineia, novamente, uma série de descentrações ao final das quais se resolve um conflito de ordem epistemológica, e se estabelece uma acomodação entre informações contraditórias.

Colocarei agora mais um caso de sincretismo cuja finalidade é resolver uma situação conflituosa. Quanto lhe foi lido o silogismo n. 7 (Grupo I — Controle),[12] I. inicialmente repete-o com fidelidade. A seguir, ocorre o seguinte diálogo entre I. e a entrevistadora E.:

---

11. O uso do "tem que" equivale a uma modalidade alética que exprime, no caso, a *necessidade*. As modalidades aléticas necessárias são aquelas que expressam fatos considerados verdadeiros em todos os mundos possíveis.

12. "Todos os homens que usam saia trabalham no Banco.
O Pedro usa saia.
Onde ele trabalha?"

Sincretismo n. 8

E[13]: "Onde ele trabalha?"
I: "Ih, num sei, não... Onde ele trabalha?"
E: "Não sei... Onde a senhora acha que ele trabalha?"
I: "Na cozinha?"
E: "Na cozinha? Por quê?"
I: "Ou... na cozinha do Banco, prá fazê um café."
E: "A senhora acha que ele trabalha no Banco, mas é na cozinha?"
I: "Eu acho."
E: "Por quê?"
I: "Uai, todos trabalha no Banco, só ele que usa saia também, né?"
E: "Então, por isso ele vai na cozinha?"
I: "Eu penso que vai, né?"
E: "Porque ele usa saia?"
I: "Ele usa saia igual os outros também, né?"
E: "Ahn... sei".
I: "Ou é faxineiro, ou trabalha na cozinha".
E: "Ah, sei, quer dizer que os que usam saia vão ser... vão fazer essas coisas?"
I: "Eu acho, uai!"
E: "Tá."
I: "Apesar que o homem não usa saia, né?"
E: "Homem não usa? Não sei..."
I: "Então! Não usa saia".

Pelo diálogo, nota-se que I. percorreu as seguintes etapas de raciocínio:

1º) I. detectou a situação conflituosa que se estabeleceu entre o atributo de "homens" e "João", contido nas premissas (a

---

13. E — Entrevistadora.

saber: "usar saia") e seu próprio quadro de referência, onde essa relação de inclusão é negada. Neste primeiro momento, sua reação é de confusão, conforme se percebe pela resposta: "Num sei, não..."

2º) Logo a seguir, construindo o sincretismo, I. contrapõe ao silogismo uma informação estranha a ele: "(João trabalha) na cozinha?" Porém, a modalidade interrogativa indica que este é ao mesmo tempo um procedimento de checagem do entrevistador e a expressão de uma dúvida quanto à própria resposta. Logo após, I. incorpora uma parte da referência do silogismo ao sincretismo: "Ou... na cozinha do Banco prá fazê café?". Inicia-se, neste momento, o processo de acomodação entre os dois planos conflitantes, o do silogismo e o da experiência concreta do sujeito. Esta acomodação tem a finalidade de conferir a João um papel que justifique o fato de ele *precisar* usar saia (conforme está expresso pela forma alética subjacente do silogismo). Este só pode ser um papel tradicionalmente considerado como feminino: serviço de cozinha, tal como fazer café, ou fazer faxina.

3º) Quase no final, entretanto, I. diz: "Apesar que homem não usa saia, né?". Esta asseveração demonstra que durante todo o processo I. conseguiu *descentrar*, ou seja, conseguiu manter separados os planos de conteúdos sobre os quais precisou atuar.

Em outras palavras, I. conseguiu "segurar o fio das meadas", lidando com informações que para ela eram contraditórias, pois negavam suas crenças e seu conhecimento do mundo, estabelecendo um equilíbrio entre essas informações, amalgamando-as num primeiro momento e separando-as mais tarde, restabelecendo, deste modo, o equilíbrio dentro de um sistema anteriormente conflituoso.

Coloquei, até aqui, de maneira não sistematizada, o referencial teórico que vai ser utilizado neste capítulo para explicar a formação de sincretismos pelos adultos não-alfabetizados aqui estudados.

A seguir, retomarei os conceitos de descentração, acomodação, assimilação, solução de problemas, e, formalizando-os, verificarei em que proporção eles atuam e interagem com os três planos de referência mencionados atrás, a saber: os silogismos e suas premissas; o indivíduo não-alfabetizado e seu conhecimento pessoal; o quadro de referência do diálogo.

Os planos de referência e seu papel

Os três níveis ou planos de referência que eu postulo como participantes da situação interacional da compreensão de raciocínios lógico-verbais levada a efeito neste trabalho são:

1º) o quadro de referência fornecido pelas premissas constantes dos silogismos, bem como das relações do conteúdo entre elas;

2º) o quadro de referência do próprio sujeito, formado a partir de sua experiência pessoal, de seu conhecimento factual e do mundo e seu sistema pessoal de crenças e valores;

3º) o quadro de referência que está em construção durante o diálogo entre os interlocutores: adulto e entrevistador. Este é um quadro mutável, sujeito a checagens e correções.

Examino, a seguir, cada um deles em maior detalhe.

Os silogismos e suas premissas

Para maior clareza, retorno aqui à discussão sobre os silogismos feita no capítulo introdutório deste livro.

De acordo com a visão clássica, os silogismos são constituídos por duas premissas e uma oração interrogativa, cuja resposta correta corresponde à dedução lógica das relações de significado estabelecidas entre as premissas. A premissa maior contém um quantificador universal ("todos") e o verbo está no tempo denominado "presente omnitemporal" (cf. Strawson, 1969). Esta estrutura caracteriza a premissa maior como um "enunciado-lei", que poderíamos definir, parafraseando Strawson (op. cit.) como aquele enunciado no qual a referência das palavras não depende de nenhuma maneira da situação em que foram enunciadas, o que equivale a dizer que o enunciado-lei caracteriza-se por estabelecer um quadro referencial fechado em si mesmo, alético, válido em todos os tempos possíveis.

A premissa menor, por sua vez, restringe a referência da maior, deslocando o que era genérico para o individual. Assim, o atributo de todo um conjunto na premissa maior passa a ser atributo de indivíduo(s) na premissa menor. Isto estabelece uma relação de *inclusão*, ou seja: a premissa menor refere um conjunto de indivíduos caracterizados como uma classe do conjunto universal instituído pela premissa maior.

Segue-se daí que as duas premissas passam a constituir um todo, uma verdade necessária, cuja garantia de confirmação só pode ser encontrada dentro dela mesma, não necessariamente nos eventos do mundo exterior a ele.[14]

Gostaria de salientar, ainda, o caráter genérico da premissa maior. Como se sabe, as experiências físicas são diferentes das abstrações levadas a efeito pela lógica. Uma dessas diferenças reside no caráter genérico da premissa maior do silogismo, cuja natureza é diferente daquele genérico que faz parte do conhecimento dos indivíduos não-alfabetizados. A diferença fundamental entre elas foi apontada por Osten Dähl (1972), que introduz o conceito de "asseverações nômicas" para nomear as expressões de caráter genérico que possuem força de lei, isto é, aquelas que, para serem verdadeiras,

---

14. Esse encerramento do silogismo em si mesmo, que lhe confere o sentido de necessidade alética, fica ainda mais enfatizado, no caso presente, pelo fato de que os silogismos são apresentados aos sujeitos, dentro de um recorte interacional, mas sem qualquer relação com o contexto (o uso das gravuras, como veremos mais adiante, não impede a produção de sincretismos; apenas muda sua natureza). Deste modo, a situação dialógica deve parecer esquizofrênica para os adultos, visto que ninguém "conversa em silogismos".

requerem uma consideração não só dos estados de coisas reais, como também dos estados de coisas alternativos. Deste modo, as generalizações nômicas, segundo o autor, incluem tanto os casos *reais* quanto aqueles *não-reais* mas *possíveis*. Uma proposição desta espécie (p) poderia ser parafraseada, diz o autor, do seguinte modo:

> "P é verdadeira em todos os mundos que têm uma certa relação com o mundo real." (op. cit., p. 3)

Como já disse acima, é esta espécie de genérico nômico que caracteriza a premissa maior do silogismo.

Osten Dähl ainda distingue entre dois tipos de asseverações nômicas: as *descritivas* e as *normativas*. As asseverações nômicas descritivas são aquelas que exprimem leis físicas, biológicas etc., e que não podem ser violadas ou desobedecidas. As asseverações nômicas normativas exprimem normas sociais, costumes, regulamentos etc., e podem ser violadas ou desobedecidas. Um exemplo do primeiro caso seria: "O cloro é solúvel na água". Para o segundo caso, cito: "Todos lavam as mãos antes do almoço".

Examinando os silogismos utilizados para a testagem do Grupo I desta pesquisa, nota-se que todos os silogismos exprimem asseverações nômicas normativas. Esta característica essencial que as premissas maiores normativas têm de poder ser contestadas desempenha, conforme veremos adiante, um papel central na elaboração dos sincretismos pelos adultos não-alfabetizados aqui estudados, especialmente nos casos em que eles (adultos) discordam do conteúdo dos silogismos.

Por ora, continuarei a examinar os três planos de referência mencionados anteriormente. Passo, a seguir, ao segundo deles.

O sujeito não-alfabetizado e seu conhecimento pessoal

Segundo Robin Horton (1970), o pensador tradicional encara as palavras como estando ligadas de uma maneira absoluta à realidade. Isto significa que existe uma correspondência unívoca entre referência e referente na mente desses sujeitos "primitivos", e que qualquer alteração em um alterará também a outra, e vice-versa. Ainda segundo esta visão, as palavras e seus conceitos formariam amálgamas, fechados em si mesmos, sem possibilidade de aberturas para escolhas diversas.

Esta caracterização pode ser vista no primeiro tipo de sincretismos analisados aqui: aqueles em que o sujeito concorda com o conteúdo dos silogismos. Com efeito, parece que naqueles casos os sujeitos retêm das premissas um dos referentes, e atribuem a este referente uma referência pessoal, também genérica, mas de natureza diversa daquele genérico do silogismo, pois este genérico interposto pelo indivíduo está ligado ao conhecimento estratificado, que codifica os valores e crenças de sua própria cultura. A natureza dessa diferença entre os dois genéricos, a meu ver, deve-se basicamente ao caráter formal, particular e teórico do genérico do silogismo, em oposição ao caráter pragmático, profundamente enraizado no uso da linguagem cotidiana, do genérico utilizado pelos sujeitos.

Conforme já foi visto, o genérico dos silogismos do Grupo I é constituído por proposições nômicas, com "forma de lei", ou seja, têm caráter normativo, uma vez que podem ser negadas, contraditas ou desobedecidas. Já o genérico dos sujeitos não-alfabetizados constitui aquilo que Osten Dähl (op. cit.) denomina de "generalizações acidentais", ou seja, aquelas formas genéricas que se referem apenas a casos reais, a um conjunto limitado, conhecido, de indivíduos. Exclui, deste modo, os objetos possíveis, e não admite que se façam previsões a partir delas. É interessante notar que, se do ponto de vista da estrutura, esses dois genéricos são tão diversos, não é assim que os sujeitos aqui estudados os encaram. Como veremos adiante em detalhe, parece que às vezes o conteúdo genérico do silogismo é considerado como *complementar* ao do conhecimento do sujeito (especificamente nos casos em que os sujeitos *concordam* com o conteúdo do silogismo).

O quadro de referência do diálogo

Utilizo a palavra *diálogo* aqui como tendo um sentido dinâmico e dialético, tal como concebido por Riegel (1979) e Freedle (1978). Entendo que é durante o diálogo, que considero como um *processo*, que as intenções de comunicação, bem como os significados, são estabelecidos, compartilhados e transformados.

Com muita propriedade, Freedle (op. cit.) considera o diálogo como sendo o determinante do "significado emergente", isto é, o diálogo propiciaria a descoberta e o estabelecimento dos significados das formas verbais utilizadas nos enunciados.

A dimensão dialética do diálogo é estabelecida por Riegel (op. cit.) quando afirma que "Em um diálogo ambos os falantes são sujeito e objeto ao mesmo tempo, e as relações que se estabelecem entre eles com cada enunciado são sempre refletivas" (p. 89). É durante a relação dialógica que o significado dos enunciados é negociado e estabelecido, através de um processo dinâmico de inter-troca de informações, conceitos e referências, tendo como pano de fundo o ambiente social e cultural bem como o grau de desenvolvimento cognitivo e lingüístico de cada participante. Se, conforme diz Riegel, o enunciado inicial representa uma *"tese"*, e o subseqüente (feito pelo outro participante) representa uma *"antítese"*, na medida em que sempre modificará a *"tese"* de algum modo, então teremos uma *"síntese"* quando da resposta do primeiro participante a esta antítese.

Porém, esta síntese, por sua vez, também estará modificando a tese e a antítese anteriores, o que faz dela própria, ao mesmo tempo que síntese, uma antítese do segundo enunciado, e uma tese, do ponto de vista do enunciado subseqüente.

É importante acrescentar que Riegel fala em diálogo *"exterior"* e *"interior"*, o que significa que ele incorpora ao seu conceito de diálogo também a parte não-dita, não-expressa, que sempre o acompanha.

É dentro do quadro de referência estabelecido durante o diálogo que os adultos aqui estudados levam a efeito as descentrações e adaptações cognitivas, bem como resolvem os problemas colocados pelas contradições entre os outros dois quadros: a assimilação e a acomodação, já mencionadas neste trabalho.

Piaget (1947/1952) introduz estes dois conceitos quando fala do processo de adaptação que todo organismo leva a efeito, em busca do equilíbrio. Em outra obra sua, Piaget (1967) afirma que a base do verdadeiro diálogo é a informação adaptada, o que leva a estabelecer um vínculo entre os papéis da assimilação e da acomodação e sua contribuição para o significado emergente do diálogo.

A assimilação é definida pelo autor como "estruturação por incorporação da realidade exterior a formas devidas à atividade do sujeito" (1975, p. 17), ou seja, a assimilação é o mecanismo responsável pela interpretação de dados da realidade externa ao sujeito (ou reinterpretação dos mesmos), dentro dos limites cognitivos deste sujeito. A acomodação ocorre quando "ao incorporar os novos elementos aos esquemas anteriores, a inteligência modifica incessantemente os últimos para ajustá-los aos novos dados" (p. 18).

Em outras palavras, a assimilação denota a mudança do objeto em benefício do sujeito, enquanto que a acomodação denota as mudanças do sujeito tendo em vista o objeto. A adaptação, portanto, é um processo modificador das estruturas externas e internas, isto é, do sujeito e do objeto. Parece-me que, nos casos de sincretismos que analisei anteriormente, o *produto* desse processo de adaptação seria o significado emergente, ou seja: as buscas e tentativas feitas pelos adultos com o objetivo de harmonizar o quadro de referência do silogismo e o seu próprio, em busca do equilíbrio. Os próprios sincretismos fazem parte desse processo de construção.

Se os sujeitos não-alfabetizados aqui estudados passam por esses processos durante a testagem, então teremos as seguintes coordenadas a considerar no processo de construção dos sincretismos:

1º) os quadros de referências fornecidos pelo investigador (i.é., o conteúdo dos silogismos) constituir-se-iam na realidade externa;

2º) o quadro de referência formado pelo conhecimento do mundo dos sujeitos caracterizaria a realidade interna;

3º) os processos de assimilação e acomodação entre os dois quadros acima, que ocorreriam durante o diálogo, seriam os responsáveis pelo significado emergente (neste caso específico, pelos sincretismos).

Procurarei, a seguir, explicitar como se dá esse processo de adaptação, o qual, a meu ver, pressupõe descentrações e soluções de problemas da parte dos sujeitos. Tentarei também verificar o porquê da construção de sincretismos como alternativas às respostas esperadas como certas para a compreensão dos silogismos. Finalmente, farei uma tentativa de relacionar esse processo global com o estatuto de não-alfabetizados dos adultos aqui estudados.

Tentativa de definição do processo

Como então, dadas as três coordenadas acima, (os silogismos, o conhecimento dos sujeitos e o processo dialógico), ocorreriam os sincretismos aqui mostrados?

A meu ver, o processo seria o seguinte:

O sujeito inicialmente confronta-se com a estrutura do silogismo, onde, apesar do alético subjacente, sobressai o genérico da premissa maior, o qual, como vimos, tem caráter normativo, o que significa que as "leis" ali expressas podem ser discutidas. É exatamente isto que os adultos não-alfabetizados aqui estudados fazem, ou seja, não encaram o genérico da premissa maior como sendo definitivo, e contrapõem a ele outro genérico, este de caráter acidental, o qual provém de seu quadro de referência pessoal, formado a partir da experiência e da transmissão oral.

Começa, então, o processo de adaptação entre esses dois genéricos: ao mesmo tempo em que o genérico do sujeito acomoda-se ao do silogismo, este é assimilado pelo primeiro. Os dados epilingüísticos que recolhi e tenho apresentado no decorrer deste trabalho indicam exatamente isto. Durante este processo de adaptação, conforme mostrei na primeira parte deste capítulo, o sujeito efetua *descentrações*, isto é, consegue considerar como separados o seu próprio quadro de referências e o do silogismo. Muitas vezes esta capacidade para descentrar aparece expressa de forma bastante clara, como é o caso do sincretismo n. 7; outras vezes, ela se processa de maneira coberta, como no sincretismo n. 5.

Durante essas descentrações, que o sujeito leva a efeito a fim de acomodar-se ao genérico do silogismo, e conseqüentemente a fim de assimilá-lo ao seu próprio genérico, destacam-se duas perspectivas: os genéricos são *complementares*, ou então são *contraditórios* entre si. No primeiro caso, os sincretismos construídos serão confirmatórios do silogismo, ou então acrescentarão uma nova perspectiva, que o silogismo não havia colocado (são os casos em que o sujeito *concorda* com o conteúdo do silogismo, já examinados neste capítulo). No segundo caso, o sujeito constrói sincretismos que têm por finalidade contradizer o genérico do silogismo, e estabelecer seu ponto de vista genérico pessoal sobre o assunto (são os sincretismos construídos quando o sujeito *discorda* do conteúdo do silogismo, também examinados atrás).

O que garante essa diferença entre os sincretismos, ou seja: como eles podem ser solidários ora com o genérico da premissa maior, ora com o genérico do sujeito?

A meu ver, é a própria natureza dos processos de acomodação e assimilação. Sabe-se que ambos são subprocessos de um todo maior, que é a adaptação. Deste modo, não existe assimilação pura, nem acomodação pura. Ambas interagem continuamente, de maneira holística. Há, ainda, uma outra característica importante relativa ao funcionamento do conjunto assimilatório-acomodatório, a qual foi assim descrita por Flavell (1963): "Alguns atos cognitivos mostram uma relativa preponderância do componente assimilatório; outros parecem fortemente inclinados à acomodação". (op. cit., p. 49) Assim, apesar de constituírem uma só unidade, a assimilação e a acomodação variam quanto ao grau de participação no processo adaptativo: ora uma, ora outra pode predominar.

Creio que é nesta característica de desequilíbrio entre o funcionamento dos dois processos da adaptação que se deve buscar a explicação para a diferença entre os sincretismos apontados atrás. Explico-me: em primeiro lugar, considerando os sincretismos elaborados nos casos em que o sujeito concordava com o conteúdo genérico do silogismo, penso que haveria aí um predomínio da assimilação sobre a acomodação, visto que o ajustamento entre o genérico do silogismo e o do sujeito é feito quase que sem esforço de identificação (assimilação) por parte do sujeito. Portanto, o esforço acomodatório é, nestes casos, maior. Em segundo lugar, e de maneira similar, pode-se dizer que, nos casos em que o sujeito discorda do conteúdo do silogismo, o esforço identificador dirigido ao conteúdo da premissa maior do silogismo toma o maior espaço da atividade discursiva do sujeito. Ele tenta reconhecer, dar um significado àquele genérico que contradiz sua experiência pessoal. Isto significa que a acomodação predomina sobre a assimilação. Neste caso, o sujeito tenta alterar os dados da premissa, de modo a resolver a contradição, numa forma de incorporar esses dados ao seu conhecimento genérico específico, decorrente de tradições e experiência pessoal, e uma das etapas deste processo resulta na emergência dos sincretismos do segundo tipo, isto é, aqueles produzidos nos casos em que o sujeito discorda do conteúdo do silogismo, e tenta resolver uma contradição.

Estes são, a meu ver, os processos que se passam com os sujeitos estudados.

Discuti, até esse momento, os dados a respeito dos sincretismos produzidos pelos sujeitos do Grupo I, cujos silogismos continham premissas maiores normativas.

O que ocorre com os sujeitos do Grupo II, cujos silogismos apresentam premissas maiores descritivas? É o que verificarei a seguir.

Estudo dos sincretismos produzidos pelos adultos do Grupo II

Com relação aos sincretismos, produzidos por este grupo, cabe notar os seguintes aspectos:

Em primeiro lugar, *todos* os sincretismos com exceção de um, ocorreram em casos nos quais os sujeitos *acertaram* a resposta. Deste modo, são ocorrências do primeiro tipo descrito anteriormente para o Grupo I, ou seja: os sujeitos *concordam* com o conteúdo do silogismo, mais especificamente com o genérico descritivo, de caráter científico, das premissas maiores. Se assim é, então é o caso de se poder aventar a hipótese de que existe um genérico subjacente ao conteúdo dos sincretismos, o qual exprime o conhecimento dos sujeitos a respeito do conteúdo dos silogismos, assim como que este genérico, elaborado pelos sujeitos a partir de sua experiência e conhecimento do mundo, não é contraditório, mas é complementar ao genérico da premissa maior dos silogismos. Vamos verificar, através da análise de ocorrências, se isto realmente ocorre.

Sincretismo n. 9

M. P. deu a seguinte justificativa para sua resposta (correta) ao silogismo n. 6[15] (Experimental).

> "Ah, porque ele é um bicho assim nervoso, gosta de ficá mais sozinho; não gosta de ficá assim em barulheira, gosta de tê carma; eu... eu... a onça é um bicho nervoso, é como o gato... o gato quando tá nervoso, cê vê que não pode nem pô a mão nele, arrepia o rabo."

---

15. *Descrição* da gravura: Um tigre com as patas dianteiras enganchadas em um galho de árvore.

Apresentação da gravura: "O(a) sr.(a) conhece este bicho? É um tigre". Caso o adulto usasse outra nomeação como "onça", ela era aceita e usada no silogismo.

Silogismo: "Os animais selvagens livres moram na floresta.
Este tigre (apontando) é um animal selvagem livre.
Onde ele mora?".

Para este adulto (M. P.), a palavra retida do silogismo apresentado foi "onça" (para ele, sinônimo de "tigre"). M. P. inicia sua justificativa afirmando que a onça gosta de lugares calmos. Isto significa que, do ponto de vista de M. P., a floresta, lugar onde a onça mora, é um lugar calmo. A seguir, M. P. faz uma comparação entre a onça e o gato, e apresenta seu conhecimento pessoal sobre o gato para estendê-lo à onça. Aparentemente, o raciocínio subjacente para a construção deste sincretismo foi:

1º) A onça mora na floresta.

2º) A floresta é um lugar silencioso, calmo.

3º) A onça é nervosa, não gosta de lugares barulhentos.

4º) Por isso, a onça mora na floresta.

A seguir, procurando alguma evidência para o que diz, M. P. recorrer ao seu conhecimento empírico:

1º) A onça é igual ao gato.

2º) O gato é um animal nervoso.

3º) Logo, a onça é um animal nervoso.

Como se percebe, este sujeito parece ter o seguinte objetivo em mente: é preciso justificar o silogismo, cujo conteúdo ele aceita como verdadeiro. Como fazê-lo? Ao invés de recorrer ao conteúdo da premissa maior, e dizer "Porque é um animal selvagem livre", M. P. recorre a uma outra ordem de fatos, fora do silogismo, diferentes daqueles expostos acima. Deste modo, M. P. apresenta argumentos pessoais para dois fatos afirmados por ele(a):

1º) para o fato de que a onça mora na floresta;

2º) para o fato de que a onça é um animal nervoso.

Ambos estão intimamente relacionados para M. P. Se o primeiro estabelece o elo de ligação entre o raciocínio de M. P. e o conteúdo do silogismo, o segundo faz conexão entre o conteúdo do silogismo e o conhecimento do mundo deste sujeito. Existe aí, então, uma ponte construída: o conteúdo descritivo da premissa maior do silogismo não é discutido. Ele é aceito como verdadeiro. A tentativa de justificativa da resposta baseia-se na premissa menor, a qual, por sua vez, é tomada como referência genérica do silogismo. Do outro lado desta ponte está o conhecimento genérico do sujeito sobre os gatos. A ponte, então, estabelece-se entre esses dois conhecimentos, suprindo, assim, a necessidade de justificativa.

A necessidade de comparação com fatos aparentemente mais experienciados pelos adultos, a fim de justificar melhor a resposta, ocorre, novamente, no sincretismo seguinte, também elaborado por M. P., no momento em que procurava justificar a resposta (certa) dada ao silogismo n. 9[16]:

Sincretismo n. 10

"É por que é a natureza dela, da maçã: já vem com a vitamina, não é?... Que nem a laranja... a laranja parece que não tem nada, mas a laranja tem muita vitamina. (...)".

Empiricamente, dadas as condições sócio-econômicas dos sujeitos, é indiscutível que a laranja é uma fruta mais conhecida e mais consumida do que a maçã. Logo, a comparação da maçã com a laranja (do mesmo modo que a da onça com o gato no sincretismo anterior) revela um apelo do sujeito ao seu conhecimento pessoal e experiência do mundo, a fim de apresentar evidências mais "reais" para sua resposta. Nota-se, nos dois casos acima, que o sujeito tem conhecimento de que existe uma categoria superordenada na qual gatos e onças se inserem, e outra categoria, da qual laranjas e maçãs são

---

16. *Descrição* da gravura: Uma maçã ampliada, bem vermelha.
Apresentação da gravura: "O(a) sr.(a) conhece esta fruta? É uma maçã".
Silogismo: "Toda fruta tem vitamina.
Esta maçã (apontando) é uma fruta.
Ela tem vitamina?".

membros. No primeiro caso, talvez seja "animais nervosos"; no segundo, simplesmente "frutas". Este sujeito, então, trabalha com um genérico subjacente nos dois casos. As comparações feitas em ambos são complementares ao genérico expresso pela premissa maior do silogismo, uma espécie de reforço ao conteúdo do silogismo, extraído do conhecimento empírico do sujeito. Os sincretismos n°s 9 e 10 são, portanto, confirmatórios do conteúdo dos silogismos correspondentes.

Em outras ocorrências de sincretismos no Grupo II, a complementariedade também transparece, como no caso abaixo, em que M. J. (Experimental) justifica sua resposta (correta) ao silogismo n. 6, dizendo[17]:

Sincretismo n. 11

"Ah, porque é gato, é do mato... Esses bicho aqui são tudo do mato. Lá no Paraná, mataram uma bicha dessa bem pertinho de onde nóis morava, como daqui ali..."

Novamente, o sujeito recorre a uma comparação do silogismo e um dado de sua experiência, a fim de melhor confirmar sua resposta (e, por extensão, o próprio silogismo). A parte não expressa do sincretismo n. 11 refere-se ao fato de que, no Paraná, onde o sujeito morava, é mato, e esse fato possibilitou o aparecimento da onça que foi morta. Mais uma vez, o sincretismo construído foi complementar ao silogismo, e a natureza da argumentação, estranha ao silogismo, inserida pelo sujeito na sua justificativa, é relativa a uma busca de meios de reforço ao conteúdo do silogismo, que são extraídos da experiência factual do sujeito. Do mesmo modo que o sujeito que construiu o sincretismo n. 9, M. J. também insere onças e gatos na mesma categoria: "animais que moram no mato". Evidência para esta afirmativa

---

17. Ver nota à página 64.

está no fato de M. J. ter identificado o animal da gravura como sendo onça, mas depois ter-se referido a ele, no sincretismo, como sendo gato.

Então, tal como ocorreu com os sincretismos construídos pelos sujeitos do Grupo I, creio que no caso do Grupo II, com os silogismos contendo premissas maiores descritivas, ocorre a mesma operação de descentração por parte dos sujeitos, os quais vão procurar evidências empíricas para justificar o conteúdo das premissas (com o qual, neste caso, concordam). Esse comportamento, novamente como no Grupo I, denota um esforço assimilatório por parte dos sujeitos, ao mesmo tempo em que serve para restabelecer, diante da situação interacional, o plano do conhecimento factual dos sujeitos, que é percebido como sendo complementar ao conhecimento científico dos silogismos.

Conforme já afirmei no início, ocorreu neste Grupo II um único caso de sincretismo em que o sujeito discorda do conteúdo do silogismo que é descrito a seguir.

Para justificar sua resposta ("Não") dada à pergunta do silogismo n. 4[18] (Experimental), o sujeito S. M. diz:

Sincretismo n. 12

"Porque não é um colar mesmo, né, é a figura de um colar."

Ora, o que temos nesse sincretismo é, estritamente falando, um caso de discordância com o conteúdo do silogismo do mesmo tipo daqueles que ocorreram no Grupo I. Com efeito, este sujeito está tentando resolver uma situação conflituosa ou contraditória criada entre o conteúdo do silogismo e a realidade presente à situação intera-

---

18. *Descrição* da gravura: Um colar de ouro com enormes brilhantes.
Apresentação da gravura: "O(a) sr.(a) está vendo? Isto é um colar."
Silogismo: "Os brilhantes são pedras preciosas.
 Este colar (apontando) tem muitos brilhantes.
 Tem pedras preciosas aí no colar?"

cional. De fato, o colar em questão, mostrado na gravura, não tem brilhantes, apenas *retrata* brilhantes. Obviamente S. M. está plenamente consciente da existência dos três planos mencionados atrás: o plano onde se situa o conteúdo dos silogismos; o plano da experiência pessoal do sujeito, e o plano do significado emergente do diálogo.

Neste caso particular, talvez se possa acrescentar ainda um outro plano, do qual o sujeito tem consciência: refiro-me a um lugar no discurso em que se faz uma distinção entre o *de dicto* e o *de re*. Em outras palavras, a capacidade de descentração de S. M. parece ir até ao ponto de perceber que aquilo sobre o que se fala não é idêntico à própria fala, ou, ainda, que o ato de falar sobre não garante por si só a verossimilhança daquilo que é dito. Deste modo, este sujeito separa bem a afirmação: "Esse colar tem muitos brilhantes", contida na premissa menor, do plano da realidade que está servindo como referência para o discurso: "... não é colar, ..., é a figura de um colar". Assim, S. M. mostra no seu discurso que conseguiu detectar uma contradição entre o significado do silogismo e sua percepção pessoal da situação interacional, qual seja: as pedras preciosas declaradas pelas premissas não existem *de fato*, isto é, não estão presentes na situação interacional. Deste modo, S. M., tal qual os sujeitos do Grupo I, discorda do conteúdo do silogismo, e coloca em evidência, como justificativa, a experiência empírica que está vivenciando: trata-se de uma figura, um desenho, logo, não são pedras verdadeiras. A representação não é o objeto real. Deste modo, temos neste caso outro exemplo de descentração cognitiva levada a efeito pelo sujeito como parte de um esforço que ele, sujeito, realiza a fim de restabelecer seu quadro de referência pessoal numa situação em que outros quadros de referência contraditórios estão interagindo.

Apresentação dos dados e discussão geral

Existe uma correspondência entre os tipos de sincretismos (formulados tanto pelos sujeitos do Grupo I quanto pelos do Grupo II) com relação às *démarches* discursivas realizadas durante a construção dos sincretismos: nos dois grupos ocorrem sincretismos que são *complementares* ao conteúdo dos silogismos (nos casos em que o sujeito concorda com esse conteúdo), ou então que são *contraditórios* com relação ao silogismo (casos em que o sujeito discorda do conteúdo do silogismo). Em ambos, pode-se perceber claramente que os sujeitos estão levando a efeito descentrações cognitivas entre os três planos de referência que interagem durante a testagem, e que existe, ainda, um esforço dos sujeitos para se adaptar cognitivamente a essas perspectivas, às vezes conflituosas. Esse esforço adaptativo, onde ora predomina a acomodação, ora a assimilação, é resolvido através da produção dos sincretismos, nos quais o sujeito restabelece seu conhecimento genérico do mundo e o relaciona ao conteúdo genérico "fechado" dos silogismos.

Neste ponto, porém, é preciso colocar em pauta a seguinte questão: como já foi dito as premissas maiores diferem em conteúdo nos dois Grupos. No Grupo I, elas contêm um genérico normativo, e no Grupo II elas contêm um genérico do tipo descritivo. A análise, até aqui, não mostrou diferenças na produção de sincretismos pelos dois Grupos. A questão a ser colocada, então, é a seguinte: haveria alguma diferença quantitativa entre os dois Grupos, com relação à produção dos sincretismos?

De fato, existe um parâmetro quantitativo que serve para mostrar que o conteúdo normativo ou descritivo das premissas maiores faz uma diferença na construção dos sincretismos: observando-se a freqüência relativa de ocorrência dos sincretismos nos dois grupos, temos uma média de ocorrência de 3,07 sincretismos por silogismo para o Grupo I, e uma média de 1,22 sincretismo por silogismo para o Grupo II, o que dá quase o dobro de sincretismo por silogismo para o Grupo I, que contém as premissas maiores normativas. Este resultado reforça a discussão feita anteriormente, neste mesmo capítulo: o conteúdo normativo desses silogismos, porque exprime normas, costumes etc., apresenta-se potencialmente como uma verdade que pode ser colocada em xeque, examinada de outros ângulos e pontos de vista que não necessariamente aqueles expressos pela premissa maior. Daí, a probabilidade de formulação de sincretismos aumenta, e o número real dos mesmos também.

Tabela1: Freqüência relativa de ocorrência de Sincretismos Complementares e Contraditórios e Freqüência relativa dos grupos Controle e Experimental, para os Grupos I e II

Grupos	Complementares	Contraditórios	T	Controle	Experimental	T
I	(18) 45	(22) 55	(40)	(26) 65	(14) 35	(40)
II	(10) 90,9	(01) 9	(11)	(03) 27,2	(08) 72,7	(11)

Obs.: Os números entre parênteses indicam as freqüências absolutas.

Com relação aos sincretismos serem complementares ou contraditórios ao conteúdo do silogismo, seria de se esperar que, no Grupo II, cujos genéricos exprimem leis físicas, biológicas etc., e, portanto, verdades mais "científicas", ocorresse um número relativamente maior de sincretismos complementares do que no Grupo I. Realmente, a Tabela 1 mostra que dos 11 (onze) sincretismos formados pelo Grupo II, 10 (dez) são complementares (90,99%), enquanto apenas 1 (um) é contraditório (9,09%). Estes dados talvez sejam mais um indicador de que os sujeitos aqui estudados não perdem de vista o conteúdo dos silogismos, e que percebem que as asseverações descritivas de uma certa forma não podem ser contestadas, uma vez que formulam leis "científicas". Deste ponto de vista, o sujeito se representa como alguém que aceita os conhecimentos passados a ele por uma sociedade letrada. É preciso ressaltar, porém, que aceitar no nível da inserção no discurso não significa ter consciência de que esse conhecimento veio através de práticas do cotidiano que estão impregnadas pelos valores e leis determinados pela escrita. Com o Grupo I, praticamente não existe diferença entre o número de sincretismos complementares (18;45%) e os contraditórios (22;55%), o que reforça essa argumentação.

Quanto à variação na situação experimental (grupo controle: sem gravura; grupo experimental: com gravura), os dados da Tabela 1 mostram o seguinte:

1º) Para o Grupo I, existe uma vantagem no percentual relativo ao grupo controle sobre o experimental (respectivamente 65% e 35%), isto é: quando as premissas maiores são normativas, parece que o uso de gravuras faz diminuir a quantidade de sincretismos.

2º) Para o Grupo II, a situação se inverte, ou seja: a porcentagem de sincretismos aumenta sensivelmente no grupo experimental. Portanto, quando as premissas maiores são descritivas, o uso de gravuras faz aumentar a produção de sincretismos. Ou seja, o uso de um sistema de contextualização para o conteúdo dos silogismos leva os adultos a reforçarem, com maior intensidade, através de sincretismos complementares, o conteúdo dos silogismos. O fato de a maioria dos sincretismos produzidos ser do tipo complementar mostra, ainda, que a gravura propicia que o adulto harmonize o conteúdo descritivo dos silogismos com o seu quadro referencial pessoal.

A Tabela 2, por outro lado, complementa da seguinte maneira os dados acima:

1º) Para o Grupo I, o não-uso de gravuras não interfere no tipo de sincretismo produzido (contraditório ou complementar). O uso de gravuras interfere; na medida em que possibilita um percentual maior de sincretismos contraditórios, este resultado parece indicar que o uso de gravuras pode estar reforçando, para o sujeito, o conteúdo do silogismo, que ele, sujeito, percebe como algo que desmente sua experiência pessoal.

2º) Para o Grupo II, os sincretismos complementares são privilegiados, quer se visem ou não as gravuras.

Tabela 2: Freqüência relativa de ocorrência de Sincretismos Complementares e contraditórios para os Grupos I e II, em função da variação na situação experimental

	GRUPO I				GRUPO II			
	C		E		C		E	
	Compl.	*Contr.*	*Compl.*	*Contr.*	*Compl.*	*Contr.*	*Compl.*	*Contr.*
	(13)	(13)	(09)	(03)	(φ)	(07)	(01)	
	50	50	35,7	64,2	100	φ	87,5	12,5
T	(26)		(14)		(03)		(08)	

De um modo geral, então, parece que estes dados confirmam o que foi dito atrás: os silogismos cujas premissas maiores são descritivas são vistos por estes sujeitos como verdade, e seu conteúdo "científico" é aceito como tal. O fato de se contextualizar ou não esse conteúdo não interfere na crença dos adultos nessas verdades. Apenas, no caso do uso das gravuras (grupo experimental), *aumenta* a produção de sincretismos (conforme Tabela 1). As gravuras, então, parecem funcionar, no caso das premissas maiores descritivas, como um referencial confirmatório do sistema de crenças dos sujeitos, o qual, por sua vez, coincide com o quadro referencial teórico dos silogismos. Com efeito, nesta situação específica, as gravuras são quase que um reforço para o raciocínio sincrético do tipo complementar, cuja função é, como já vimos, reafirmar que o quadro de referências pessoais do sujeito não entra em conflito com os quadros de referência fornecidos pelos silogismos. Daí o aumento da produção de sincretismos em situação experimental: as gravuras são, para o sujeito, mais um lugar onde suas crenças e seu conhecimento pessoal e factual se confirmam.

Voltando ao conteúdo dos silogismos, gostaria, neste ponto, de introduzir uma discussão relativa à *Natureza* dos sincretismos e sua relação com a resposta dada pelo sujeito à pergunta que corresponde à conclusão do silogismo ser "certa" ou "errada".

Scribner (1979) fez um estudo sobre a compreensão de silogismos em uma tribo de plantadores de arroz da Libéria, denominada

Kpelle. Seus resultados neste estudo são consistentes com aqueles obtidos por Luria (1977), e foram relatados mais aprofundamente, desta vez com relação aos *Vai*, um povo do mesmo país africano, numa publicação posterior. (Scribner e Cole, 1981)

Comentando as justificativas que os *Kpelle* dão para suas respostas à pergunta do silogismo, Scribner classifica-as em duas categorias: *empíricas* e *teóricas*. No primeiro caso, os sujeitos recorriam a evidências externas ao conteúdo dos silogismos para se justificarem, enquanto que no segundo as evidências utilizadas na argumentação eram extraídas do próprio conteúdo das premissas. Como exemplo, cito a seguir uma justificativa teórica e uma empírica para o seguinte silogismo:

"Todas as pessoas que possuem casa pagam imposto predial.
Boima não paga imposto predial.
Boima possui uma casa?" (Scribner, op. cit. p. 230)

Justificativa *teórica* fornecida por um *Kpelle*: "Se você diz que Boima não paga imposto predial, ele não pode ter uma casa" (id. ibid., p. 230).

Justificativa *empírica*: "Boima não tem dinheiro para pagar imposto predial" (id. ibid.).

As justificativas *empíricas* consistiam principalmente de fatos, crenças e opiniões dos sujeitos a respeito dos silogismos, ou seja, um apelo ao conhecimento factual e do mundo, bem como às experiências pessoais desses sujeitos. A autora denomina esta busca por evidências empíricas de "viés empírico", e acrescenta que esse viés funciona como um distrator, o qual desvia o sujeito da ordem relevante de dados que deveriam ser considerados para uma justificativa logicamente correta. Scribner levanta, então, a seguinte discussão: será que existe alguma correlação entre a resposta (certa/errada) dada pelo sujeito, e a natureza da justificativa (empírica/teórica)? Um exame realizado sobre as respostas e justificativas de 100 indivíduos *Vai* mostrou que, num total de 600 silogismos, houve 171 respostas erradas, "(...) mas nem um único caso em que uma razão teórica coexistisse com uma resposta errada", (op. cit., p. 234) enquanto que "(...) homens e mulheres tradicionais que deram razões teóricas para problemas particulares produziram as respostas logicamente corretas para esses problemas, mesmo se todas as suas outras respostas estivessem erradas" (id. ibid.).

Deste modo, no estudo de Scribner, e nos demais citados pela autora em seu artigo, ficou claro que as justificativas empíricas em sua maioria ocorriam com respostas erradas, enquanto que as justificativas teóricas estavam sempre relacionadas a respostas corretas.

Retomo aqui a minha discussão sobre os sincretismos a fim de relacioná-la com a discussão sobre o viés empírico de Scribner. Observando os gabaritos e as instanciações da autora, pude perceber que as justificativas empíricas de seus sujeitos constituem-se em sincretismos, apesar de a autora não ter percebido, nem abordado, o problema desta maneira, uma vez que sua análise tinha outros objetivos. O interessante, no entanto, é notar que, no caso dos adultos brasileiros que serviram como sujeitos para o presente trabalho, tal como em Scribner, ocorreram muitos casos em que uma razão empírica é dada para uma resposta certa. Na verdade, são todos aqueles casos de sincretismos *complementares* ao conteúdo do silogismo. Os casos em que a justificativa empírica vem depois de uma resposta errada são os casos em que o sincretismo é *contraditório* com relação ao conteúdo dos silogismos. É claro que aparecem, neste estudo, também casos de sujeitos que apresentam razões teóricas para respostas certas, mas estes serão estudados no capítulo seguinte. Cabem, aqui, algumas considerações a respeito dos casos de resposta certa com justificativa empírica (ou sincretismos complementares). Com efeito, todos os 28 sincretismos complementares encontrados nos dois Grupos aqui estudados pertencem a essa categoria, o que, de um certo modo, coloca em questão as descobertas de Scribner, uma vez que não se encontram referências específicas a esse tipo de ocorrência em seu artigo. A pergunta que Scribner não fez, e que eu agora levanto, é a seguinte: pode o viés empírico agir em casos onde o raciocínio já atingiu a formalização suficiente para entender o conteúdo do silogismo? A fim de discutir este problema, creio que duas perspectivas deveriam ser colocadas, uma de ordem metodológica, outra de ordem teórica.

O aspecto metodológico relevante, do meu ponto de vista, e já mencionado na secção de metodologia, é o seguinte: não me parece sempre possível avaliar, pelos gabaritos, quando uma resposta deve ser considerada "certa".

Vamos observar o caso abaixo, que reproduz um trecho retirado do gabarito de D. (Grupo I — Controle):

E: "Só quem mora na cidade pesca no rio Taguá.
 O Pedro pesca no rio Taguá.
 Ele mora na cidade, ou não?"
D: "Ah, ele mora."
E: "Mora? Fala mais aqui, ó, perto."
D: "Mora."
E: "Por quê?
 (silêncio)
 Por que que ele mora?"
D: "Cumé quié, memo? Pedro pesca..., cumé quié?"
E: (Repete o silogismo).
D: "Ah, no rio, né, então."
E: (Repete o silogismo, e pede para D. repetir, aceitando essa última asseveração de D. como resposta).
D: "Ah, não (mora)".

Pergunto: Qual das três respostas dadas por D. deve ser considerada como válida? Deve o pesquisador interpretar que a primeira resposta, apesar de "certa", estava "errada", porque depois o sujeito trocou-a por outra? Do meu ponto de vista, esse enfoque não leva a lugar algum. Não se pode concluir com objetividade se a resposta estava "certa" ou "errada" em casos como esses. Logo, não é possível fazer um estudo sobre a correlação entre respostas "certas"/"erradas" e justificativas "teóricas"/"empíricas". A evidência final e conclusiva para esse argumento é encontrada na justificativa que o próprio D. deu à resposta acima transcrita. Na continuação do gabarito acima temos:

    E: "Não mora? Por quê?"
    D: "Ah, porque pesca no rio Taguá; acho que não pode morá na cidade, né?"

Ora, a primeira parte da justificativa de D. não seria classificada, de acordo com os critérios de Scribner, de "evidência teórica?" Obviamente esta discussão não leva a lugar algum, a não ser à constatação de que não é possível saber, com certeza e em todos os casos, se a resposta do sujeito é "certa" ou "errada".

Quanto à argumentação teórica que julgo relevante para a discussão do problema aqui exposto, retomo tudo o que foi discutido neste capítulo, a respeito da capacidade de descentração e dos planos de referência com os quais os sujeitos interagem durante a situação interacional. Conforme foi discutido anteriormente, os sujeitos que constroem os sincretismos complementares concordam com o conteúdo dos silogismos, mas, na justificativa, apresentam evidências tiradas do seu conhecimento empírico e de sua experiência pessoal. Àquilo que Scribner denominou de "viés", eu gostaria de denominar de *"reforço argumentativo"*. Isto é, a visão do viés já é uma visão enviesada e intelectualizada, que procura comparar parâmetros de raciocínio entre culturas desiguais. Com efeito, qualquer pessoa que preste atenção às conversas da gente não-intelectualizada, há de perceber que a discussão de experiências e o relato de ocorrências cotidianas ocupam quase que o espaço todo. A vida dessas pessoas está ancorada em circunstâncias e eventos cotidianos, práticos. É esta prática, então, que eles levam como quadro de referência para a situação interacional, e as provas maiores que podem encontrar para reforçar uma opinião relativa a um raciocínio formalizado (o outro quadro de referência) são exatamente citações da experiência ou do conhecimento prático que possuem.

Nesse sentido, não seria talvez adequado considerar as razões empíricas como sendo um viés, no sentido de que se afastariam do quadro lógico de raciocínio que o silogismo impõe. O uso do termo "reforço argumentativo" está, então, do meu ponto de vista, mais coerente com a posição aqui adotada, a qual considera os "erros" como tentativa de solucionar um quadro referencial contraditório, e os "acertos" como reconhecimento da harmonia dentro desse quadro. As razões empíricas, deste ponto de vista, serão até encaradas como recursos "naturais" (em oposição ao conteúdo "artificial" do silogismo) e não tem sentido qualquer discussão que procure interpretá-las em termos de estarem mais próximas ou mais distantes dos processos de raciocínio envolvidos na compreensão dos silogismos.

Uma hipótese que poderia ser levantada aqui, para posterior comprovação experimetnal, e que não foi objeto do presente trabalho, visto ser esta uma pesquisa básica, é a seguinte: a produção de sincretismos (tanto os contraditórios quanto os complementares) constitui-se numa prova de que os sujeitos que os produzem não atingiram ainda o nível de desenvolvimento cognitivo que lhes permita adotar uma atividade metaprocedimental. Por este motivo, apesar de serem capazes de atingir um grau de descentração quanto aos três planos de referência já mencionados, estes indivíduos não conseguem integrar as informações entre as duas premissas, e concentram-se principalmente no conteúdo genérico do silogismo. Logo, não conseguem chegar à conclusão lógica sem maiores problemas, visto que os silogismos constituem um sistema fechado, que não pode ser desmentido pela experiência nem pelo conhecimento empírico, e, portanto, requer descentrações específicas, metaprocedimentais, relativas à sua própria natureza. Este assunto será aprofundado no próximo capítulo.

A produção de sincretismos deve ser vista, então, como uma forma de adaptação cognitiva entre planos de referências de natureza diversa, cujo conteúdo, às vezes, é complementar, às vezes é contraditório um em relação ao outro. Um produto dialético da negociação dialógica, estabelecido de dentro de uma visão que coloca a linguagem como atividade cognitiva, e o discurso como um lugar onde o conhecimento é constituído e cons-(des)-truído, devido ao seu próprio processo de funcionamento.

CAPÍTULO III
Atividade metaprocedimental em não-alfabetizados

Introdução

Refletir *sobre* a linguagem. Ser capaz de considerar um enunciado, ou conjunto de enunciados, como objeto; como algo que existe *fora* do organismo. Colocar um raciocínio expresso verbalmente em exposição, imaginariamente, como se fosse um quadro pendurado na parede. Analisá-lo objetivamente: fazer dele o ponto de partida de nossa atenção e reflexão. Conseguir dissecá-lo nos seus pontos relevantes. Descobrir quais marcas estruturais e formais destoam do todo: corrigi-las, e novamente examinar o produto. Observar as relações de significado que se estabelecem entre as várias proposições; detectar incoerências, deduções distorcidas, trechos *non sequitur*, eleição de argumentos não relevantes. Checar o não-dito, ou seja, a informação que fica no nível pressuposicional, e as implicações desse conteúdo não explicitado para o conteúdo global do(s) enunciado(s).

Essas são algumas das tarefas que só se tornam possíveis através do uso do *metaconhecimento*, esta capacidade específica da espécie humana, que permite a observação dos processos de pensamento, e que parece ter íntima relação com o desenvolvimento filo e ontogenético.

O que é o metaconhecimento? Qual a sua relação com a estrutura do silogismo? Existe algum tipo de relação necessária entre o metaconhecimento e o domínio da escrita? Finalmente, quais são os fatores cognitivos que permitem ao sujeito atingir o metanível? Estes são os pontos que discutirei a seguir.

Discutir o metaconhecimento requer que se coloquem em evidência os estatutos epistemológicos do ato de conhecer. O que é conhecer? Conhecer é apropriar-se do objeto e submetê-lo à nossa vontade? Com certeza que não. Esse caminho de mão única não existe no verdadeiro ato de conhecimento, que pressupõe uma interação e uma integração constantes entre sujeito e objeto, a tal ponto que o conhecimento do segundo pelo primeiro equivale a uma experiência de reconstrução ambivalente, a um processo em que um e outro são modificados, ao final do qual não mais serão os mesmos.

Piaget (1973b) introduz as noções de *experiência física e experiência lógico-matemática* para descrever como, durante o ato de conhecimento, sujeito e objeto interagem continuamente. A experiência física equivale àquelas propriedades que são extraídas pelo sujeito a partir das propriedades do próprio objeto. Segundo Elkind (1972) "(...) a aprendizagem F (física) envolve a descoberta das qualidades e propriedades das coisas (...). Tais experiências são arbitrárias, (...) no sentido de que são destituídas de necessidade lógica" (p. 87).

Deste modo, as experiências físicas do sujeito derivam-se da percepção deste sujeito a partir das propriedades intrínsecas do objeto. Por exemplo, perceber que o limão é azedo e que a laranja é doce; que dois objetos diferentes têm pesos diferentes; as relações entre o peso, o volume e a densidade dos objetos, todas essas são abstrações que o sujeito leva a efeito a partir das propriedades físicas da natureza do próprio objeto. Como tal, a experiência física é predominantemente sensorial, perceptual.

Não se deve, no entanto, tomar a experiência física descrita por Piaget no sentido empirista, de pura leitura dos dados sensoriais. Diz o autor a respeito que:

"O conhecimento físico experimental em geral (compreendendo-se aí a geometria do mundo real) procede, em compensação, por abstração, a partir das propriedades do objeto como tal. (...) Mas, e isso é essencial, acontece que, também neste terreno, a percepção jamais age sozinha: só descobrimos a propriedade de um objeto acrescentando algo à percepção" (p. 78).

Esse "algo" é o segundo tipo de experiência: a lógico-matemática, ou aprendizagem lógico-matemática (LM), que é, para Piaget, uma segunda forma de conhecimento, indissociável de fato da experiência física, mas de outra natureza.

As características básicas da experiência LM são: o sujeito aqui age sobre o objeto através da ação e da operação, e deriva, dessas ações e operações, um conhecimento que não é mais intrínseco ao objeto. A descoberta da transitividade, por exemplo (A = B, B = C, logo A = C), não está presente nas propriedades físicas e perceptuais do objeto; é, antes, uma construção do sujeito, a partir de suas ações sobre o mesmo. Quando a criança percebe que obtém a mesma quantidade de pedrinhas, qualquer que seja o lugar da fileira pelo qual inicie a contagem, está, na verdade, levando a efeito uma aprendizagem lógico-matemática, na medida em que, diz Piaget, "... o que o sujeito descobre então não é uma propriedade física das pedrinhas, mas uma relação de independência entre as duas ações de reunião e ordenação". (p. 77)

Como já assinalei, Piaget acha que, durante nossas ações sobre o mundo, o conhecimento F e o LM existem sempre lado a lado, na medida em que, ao explorarmos os objetos do mundo físico, estamos enriquecendo esses objetos "de propriedades ou relações novas, que conservam as propriedades ou relações anteriores, mas completando-as por sistemas de classificações, de ordenações em correspondências, de enumerações ou medidas etc.; essas, as ações que chamaremos de lógico-matemáticas" (p. 73). Existe, no entanto, uma relação assimétrica de dependência entre experiências F e LM. Segundo Piaget:

"Realmente, é fundamental para nosso propósito lembrar que, se existe um conhecimento lógio-matemático puro, enquanto destacado de toda experiência, não existe, reciprocamente, conhecimento experimental que possa ser qualificado de "puro", enquanto destacado de toda organização lógico-matemática. A experiência só é acessível por intermédio de quadros lógico-matemáticos..." (pp. 78-79).

À medida em que o desenvolvimento intelectual se processa, as ações vão se interiorizando em operações, e o sujeito começa a prescindir do objeto, do dado concreto, em alguns contextos. Sobre isso, diz Piaget que "(...) as ações lógico-matemáticas do sujeito podem, em dado momento, dispensar-se de ser aplicadas a objetos físicos e interiorizar-se em operações simbolicamente manipuláveis. Eis porque, em outras palavras, existe, a partir de um certo nível, uma lógica e uma matemática puras, às quais a experiência se torna inútil" (p. 78).

Essas estruturas cognitivas que conseguem dispensar o objeto físico, ultrapassando suas propriedades, e, portanto, a experiência, são as operações da lógica formal para Piaget, que se caracterizam pela sua flexibilidade, reversibilidade, e pelo fato de possibilitar ao sujeito que descentre sua atenção do *real* e que possa considerar também o *possível*, o *hipotético*.

Neste nível do funcionamento cognitivo, o das operações formais, o sujeito adquire "o poder de formar operações sobre operações, que permite ao conhecimento ultrapassar o real e que lhe abre a via indefinida dos possíveis (...)" (Piaget, 1972, p. 49).

É este o nível da atividade metaprocedimental, que é, em sua essência, discursiva, de que estou ocupando-me neste capítulo. Piaget não utiliza o termo "metaconhecimento", mas fala em "abstração refletidora" (p. 70, *et passim*), a qual o autor opõe à "inteligência intuitiva" ou "pensamento natural". (id., ibid.) Essa abstração refletidora leva à formalização da lógica, a qual pôde "... conquistar o direito de escolher seus axiomas com toda liberdade, de acordo com suas necessidades, sem se ater aos elementos fornecidos pelo pensamento natural apenas" (p. 70).

Um dos produtos desse raciocínio puramente lógico-matemático, formalizador e abstrato é o *silogismo*. Com efeito, conforme já discuti nos capítulos anteriores, o silogismo caracteriza-se pela sua estrutura fechada, onde existe uma relação de necessidade lógica entre as premissas, relação esta que deve ser analisada independentemente do conteúdo referencial que os membros dessa premissa possam ter para o pensamento natural, ou em termos da experiência física das pessoas. Deste ponto de vista, o sujeito só pode entender a conclusão de um silogismo quando se ativer ao conteúdo relacional que existe entre as premissas, e quando conseguir descentrar seu pensamento do conhecimento físico, atendendo-se apenas às operações lógico-matemáticas. Em outras palavras, para compreender um silogismo, o indivíduo deve ser capaz de estabelecê-lo como pertencendo a um metanível, não necessariamente inserido em sua realidade física e factual.

Luria (1977) denomina este tipo de atividade de "raciocínio conceitual", e afirma que:

"O raciocínio conceitual envolve uma expansão enorme das formas resultantes da atividade cognitiva. Uma pessoa capaz de pensamento abstrato pensa o mundo externo mais profunda e completamente, e tira conclusões e inferências de fenômenos percebidos na base, não apenas de sua experiência pessoal, como também de esquemas de pensamento lógico que são moldados objetivamente em um estágio relativamente avançado do desenvolvimento" (p. 100).

A atividade metaprocedimental requer, portanto, que o indivíduo seja capaz de realizar uma série de descentrações. No caso da compreensão do silogismo, teríamos, em primeiro lugar, o sujeito precisa isolar os "pormenores", produtos "dos dados da experiência" (Piaget, 1972, p. 84), que constituem, entre outras coisas, o seu sistema pessoal de crenças, tabus, códigos morais. A seguir, esse indivíduo precisa suspender momentaneamente esse sistema moral, axiológico, e, através de outra descentração, ele deve ser capaz de isolar desse código pessoal o conhecimento expresso pelo silogismo.

Dentro da própria estrutura do silogismo, ele deve ainda ser capaz de ir e vir entre as premissas, perceber a relação de inclusão entre a premissa maior e a menor, e compreender que, do ponto de vista do metaconhecimento, as proposições subjacentes ao silogismo constituem-se em verdades necessárias, na medida em que elas, e somente elas, podem levar à conclusão lógica. Quer neguem o conhecimento factual, ou não, quer sejam possíveis ou não em termos da experiência física do sujeito, somente as premissas e seu conteúdo podem levar à dedução expressa pela conclusão.

Qualquer estratégia que fuja a esse comportamento metacognitivo vai, evidentemente, produzir comportamentos epilingüísticos, como é o caso dos sincretismos, estudados no capítulo anterior.

Do ponto de vista do processamento e compreensão da informação verbal contida nos silogismos, do metaconhecimento e de seus pressupostos cognitivos, tenho algumas observações que considero relevantes.

A objetividade e a dedução são noções indissociáveis da atividade metaprocedimental. No caso dos silogismos, em que consistiria tal atividade, em termos de processos cognitivos? Ou, melhor dizendo, quais as características cognitivas de um sujeito que, conseguindo realizar as descentrações acima descritas, eleva conseqüentemente o silogismo a uma manifestação de segundo grau do conhecimento e consegue estabelecer a conclusão lógica para as duas premissas?

De acordo com Piaget (1972), a atividade metaprocedimental parece atingir uma forma completamente objetiva e descentrada, com relação à dedução lógico-verbal, no estágio das operações formais, ou lógico-matemáticas. Para o autor, a característica básica do estágio operatório formal é ser o seu pensamento *proposicional*. O desligamento do mundo físico, real, e a interiorização dos esquemas de ação em operações, possibilitando a inclusão do hipotético, é que permitem à inteligência deixar de trabalhar com objetos para operar sobre proposições. O autor acrescenta, quanto ao estatuto epistemológico das hipóteses, que elas consistem em operações *intraproposicionais*, na medida em que envolvem o conteúdo de proposições simples. Quanto à dedução, diz o autor:

"(...) a operação dedutiva, que leva das hipóteses às suas conclusões, não é mais do mesmo tipo, mas é *interproposicional* e consiste, pois, em uma operação efetuada sobre operações, isto é, uma *operação elevada à segunda potência* (...)" (p. 48, grifo meu).

É exatamente o pensamento proposicional que permite ao sujeito desligar-se da experiência física, e possibilita-lhe que passe a lidar com o *virtual*. Nesse sentido, as proposições talvez desempenhem, no plano psicológico, para o estágio formal, o mesmo papel que o objeto concreto desempenha para a inteligência intuitiva e pré-operatória. Do mesmo modo, as ações do sujeito sobre os objetos externos passam a ser operações sobre proposições. Inhelder e Piaget afirmam que "Na realidade, quando os objetos são substituídos por enunciados verbais, superpomos uma nova lógica — a das operações — à das classes e relações que se referem a esse objeto". (1976, p. 190) Ainda de acordo com os mesmos autores, "o motor efetivo da lógica das proposições (...) é o poder de combinar, graças ao qual ela insere o real no conjunto das hipóteses possíveis, compatíveis com os dados" (idem).

Quanto aos silogismos, raciocínios lógico-verbais, dependentes da dedução lógica decorrente dos conteúdos expressos pelas premissas, já observei anteriormente que é essencial, para a compreensão dos mesmos, que se compreenda a relação entre a premissa maior e a menor, bem como a necessidade lógica da conclusão. Ora, tais operações somente são possíveis quando, além de compreender o conteúdo de cada premissa (intraproposicional), o sujeito, recorrendo ao raciocínio interproposicional, realiza sobre esse silogismo operações de segunda ordem, e percebe, deste modo, que pode compreender as relações de implicação entre as duas premissas, "(...) de elaborar relações entre relações (proporções, distributividade etc.), de coordenar dois sistemas de referência etc." (Piaget, 1972, p. 48)

Metaconhecimento e escrita

Muitas especulações têm sido feitas por filósofos, antropólogos e psicólogos, a respeito da influência da escrita sobre os processos cognitivos humanos. De maneira geral, a tese defendida é de que a aquisição de um sistema escrito ocasiona grandes mudanças psicológicas e culturais, a ponto de revolucionar totalmente a história da humanidade.[1]

Goody e Watt (1968), por exemplo, admitem que consideram "(...) quase impossível (...) determinar o grau de importância que deve ser atribuído ao alfabeto como causa ou condição necessária das seminais inovações intelectuais que ocorreram no mundo grego durante os séculos que se seguiram à difusão da escrita (...)". (p. 337) O conceito de escrita é também muito invocado como critério para uma classificação transcultural. Os povos iletrados são, por exemplo, classificados como "pré-lógicos", "primitivos" etc. Finnegan (1973) coloca o problema da seguinte maneira:

> "Quando as pessoas desejam fazer uma distinção básica entre sociedades ou períodos históricos diferentes, um dos critérios mais comumente invocados é o letramento. Em particular, aqueles que desejam evitar as conotações de "primitivo", "não-civilizado", "aborígene", tendem a usar uma descrição de "pré-lógico" ou "pré-letrado". Certamente, outras características são também empregadas (particularmente aquelas relativas à tecnologia), mas a da ausência ou presença do letramento está sendo crescentemente enfatizada" (p. 112).

A passagem da discussão sobre iletrados para juízos de valor acerca de sua especificidade cognitiva parece seguir o seguinte raciocínio: como a característica central dos povos "primitivos" é o

---

[1]. Pessoalmente não concordo com essa visão da escrita como sendo *causa*. Acredito, antes, que ela seja um *produto* social, que surge em decorrência de mudanças nas relações de produção, e do aparecimento de novas necessidades de mediação entre o homem e seu meio ambiente.

agrafismo, e como somente a aquisição da escrita leva às formas superiores de funcionamento cognitivo, então os iletrados permaneceriam no nível pré-lógico, ou intuitivo de pensamento. Por um processo de similaridade, alguns pesquisadores utilizam essas mesmas classificações para referir-se aos não-alfabetizados.

Finnegan (1973), discutindo a questão de se saber se a escrita tem alguma influência sobre as modalidades de pensamento, coloca que "Uma resposta comum que freqüentemente está implícita é que a presença ou ausência de letramento é de significância absolutamente crucial para a qualidade de pensamento em uma dada cultura" (idem).

Parece, portanto, que, de modo geral, não se consideram os povos primitivos, e os não-alfabetizados em geral, como capazes de realizar atividades metacognitivas. Ong (1982), por exemplo, afirma que "... a escrita separa aquele que conhece daquilo que é conhecido e, deste modo, estabelece as condições para a 'objetividade' no sentido de descomprometimento ou distanciamento pessoal". (p. 46)

Para Piaget, parece que esta tese também prevalece, visto que o metaconhecimento é decorrência da interiorização das estruturas lógico-matemáticas, da descentração cognitiva e do raciocínio interproposicional, sendo que todas essas características só são atribuídas por ele aos indivíduos "civilizados", letrados, escolarizados, os quais conseguem atingir o estágio operatório formal. Os povos iletrados, primitivos, por sua vez, exibem um raciocínio ainda bastante ligado ao concreto, às ações, à irreversibilidade, sendo, portanto, de acordo com o autor, incapazes de exibir um comportamento metacognitivo (e. g. Piaget., op. cit., e Hallpike, op. cit.).

Existe, no entanto, um equívoco no raciocínio que acabei de desenvolver. Para esclarecê-lo e desfazê-lo, retorno à discussão contida na introdução deste livro, onde mostro que existem diferenças entre "alfabetização" e "letramento". Ou seja, enquanto que é um indivíduo, ou grupo de indivíduos, que eu posso tomar como sendo alfabetizado ou não, quando uso os termos "letrado" ou "iletrado" estou me referindo a uma sociedade vista do ponto de vista sócio-histórico. Assim, o equívoco está em considerar iletrados também aqueles que não são alfabetizados, mas vivem e interagem em uma sociedade letrada. Obviamente, não se pode comparar a complexidade das ações cotidianas de um adulto não-alfabetizado com aquele que vive em uma sociedade iletrada ou ágrafa. Como já enfatizei na introdução, uma sociedade letrada possui um sistema muito, muito mais complexo, e isto influencia todos os indivíduos que nela vivem e com ela interagem, sejam eles alfabetizados, ou não.

Assim, apesar de as pesquisas existentes mostrarem que as chamadas sociedades "primitivas" e "primitivas modernas" (onde não há escrita) não se desenvolvem cognitivamente a ponto de atingirem o nível do metaconhecimento, pretendo sustentar neste capítulo que a mesma afirmativa não é válida para grupos não-alfabetizados que vivem em uma sociedade letrada e complexa.

Com efeito, dos dezesseis sujeitos não-alfabetizados que investiguei, encontrei cinco que foram capazes de raciocinar logicamente diante dos silogismos apresentados. No entanto, notei, analisando as etapas (Resposta, Justificativa e Conclusão) da compreensão dos silogismos nas transcrições desses sujeitos, que há diferenças no modo como eles respondem, quando comparados com o comportamento esperado, na mesma situação, de adultos alfabetizados. Por este motivo, uso o termo *metaprocedimental*[2] para descrever o comportamento dos adultos em questão, visto que sua natureza é diferente do *metaconhecimento* dos alfabetizados, na medida em que neste último caso existe controle e consciência dos processos cognitivos, enquanto que nos metaprocedimentos esses fatores não estão presentes.

Vou examinar, a seguir, em que consistem esses metaprocedimentos, como funcionam, qual a diferença entre eles e o metaconhecimento dos alfabetizados, e quais explicações teóricas podem ser

---

2. O termo "metaprocedimental" é uma tradução de "metaprocedural", usado por Karmiloff-Smith (ms. s/d.).

oferecidas para os mesmos. Farei, inicialmente, uma proposta de sistematização na forma de estratégias.

Análise individual

J. D. S. S., do Grupo II (Controle)

J. D. S. S. apresentou desempenho 100% correto para os silogismos ns. 3, 4 e 5,[3] isto é, as respostas dadas por este sujeito estão

---

3. Como todos os silogismos deste Grupo serão citados para apresentar os dados de J. D. S. A. S. e C. A. P., reproduzo-os abaixo na seqüência:
Silogismos utilizados para o Grupo II — Controle
(Sujeito testado sem *gravuras*. Premissas maiores *descritivas*).
Silogismo n. 1:
"Quando cai neve, faz frio.
Hoje está nevando em Santa Catarina.
Está fazendo frio lá?"
Silogismo n. 2:
"Os ursos não moram em lugares quentes.
O deserto do Saara é um lugar muito quente.
Moram ursos lá, ou não?"
Silogismo n. 3:
"Todos os macacos são mamíferos.
No zoológico tem dois macacos.
Eles são mamíferos, ou não?"
Silogismo n. 4:
"Os brilhantes são pedras preciosas.
Solange tem um colar com cinco brilhantes.
Tem pedras preciosas no colar dela, ou não?"
Silogismo n. 5:
"Todas as cegonhas têm pernas compridas.
Em Mato Grosso tem muitas cegonhas.
Elas têm pernas compridas, ou não?"
Silogismo n. 6:
"Os animais selvagens livres moram na floresta.
O tigre é um animal selvagem livre.
Onde ele mora?"

corretas,[4] as justificativas são dadas mantendo-se o sujeito estritamente dentro da relação de necessidade alética imposta pelo conteúdo das premissas e sua inclusão, e, finalmente, a repetição é "verbatim".

Com relação aos silogismos ns. 1, 2, 6, 7, 8 e 9, J. D. S. S. manteve uniformes suas respostas e justificativas certas. Suas "falhas" durante a repetição devem-se, principalmente, ao fato de haver operado sobre o silogismo uma transformação de inclusão lógica, a qual teve como efeito omitir a premissa menor, talvez porque o sujeito a tenha considerado óbvia demais. Por exemplo, na repetição do silogismo n. 6, esse sujeito disse:

"Todos animal livre mora na floresta.
O tigre mora também?"

o mesmo para o silogismo n. 9:

"Todas fruta tem vitamina.
A maçã tem vitamina?"

Já na repetição dos silogismos ns. 7 e 8, este sujeito incorporou a conclusão ao silogismo, já em forma declarativa. Este procedimento

---

Silogismo n. 7:
"O plástico não enferruja.
A Lurdes tem uma sandália de plástico.
A sandália da Lurdes enferruja, ou não?"
Silogismo n. 8:
"Todo sal desmancha no líquido.
Paulo despejou sal num copo com líquido.
O sal desmanchou, ou não?"
Silogismo n. 9:
"Toda fruta tem vitaminas.
A maçã é uma fruta.
Ela tem vitamina?"

4. Recordo que o critério usado para considerar a resposta "correta" era estar a justificativa adequada, isto é, de acordo com o conteúdo proposicional do silogismo.

talvez revele que, para este sujeito, não existe questionamento possível quanto à lógica da conclusão, o que o leva a omitir a forma interrogativa que a mesma tinha no silogismo de testagem. Assim, temos, para o silogismo n. 7:

> "O plástico não enferruja.
> A Lurdes tem uma sandália de plástico; não enferruja".

e para o silogismo n. 8:

> "Todo sal desmancha o líquido.
> O Paulo desmanchou... despejou sal num copo de água e desmanchou".

É de se notar que essas modificações efetuadas pelo sujeito durante a repetição *não alteram nem deformam* a estrutura dos silogismos, do ponto de vista do conteúdo.

C. A. P., sujeito do Grupo II (Controle)

Este sujeito apresentou resultados perfeitamente corretos para os silogismos ns. 1, 2 (na segunda tentativa), 4, 5, 6, 7, 8 e 9.[5]

Sua única falha, relativa ao silogismo n. 3, deve-se, creio eu, ao fato de desconhecer o significado da palavra "mamífero"[6].

Temos aqui, portanto, um caso de sujeito não-alfabetizado com praticamente 100 por cento de acertos em testes de compreensão de raciocínios lógico-verbais. Com certeza, apesar de não-alfabetizado, ele não pode ser considerado iletrado...

---

5. Os silogismos são os mesmos usados para J. D. S. S.

6. Após perceber este fato, comecei a perguntar aos adultos que entrevistava se sabiam o significado de "mamífero", e lhes explicava, caso não soubessem. A grande maioria não sabia, o que parece confirmar minha suposição sobre C. A. P.

B. O. do Grupo I (Experimental)

Bastante nervoso, notam-se em seu gabarito falhas devidas mais a esse problema do que propriamente relativas à cognição.

Conforme observei anteriormente, as respostas só foram consideradas corretas quando a justificativa era adequada. Por exemplo, para o silogismo n. 1,[7] B. O. deu a resposta certa e a justificativa adequada:

---

7. Como todos os silogismos deste grupo serão citados aqui, reproduzo-os abaixo:

Descrição das gravuras, apresentações e silogismos utilizados para o Grupo I — Experimental (Sujeitos testados com gravuras, sendo as premissas maiores normativas).

Gravura n. 1: Um rio, algumas pedras. Um rapaz tomando água no rio, tendo ao lado suas botas e um capacete de motociclista. (Esta gravura foi utilizada para os silogismos ns. 1 e 2 do Grupo Experimental.

Apresentação: "Este (apontando) é o rio Taguá, e este (apontando) é o Pedro. Pedro está bebendo água no rio, o(a) sr.(a) está vendo?"

Silogismo n. 1: "Só quem mora na cidade pesca no rio Taguá. Pedro (apontando) pesca no rio Taguá (apontando). Ele mora na cidade, ou não?"

Silogismo n. 2: "Todas as pessoas que usam capacete andam de motocicleta.

Este capacete (apontando) é do Pedro (apontando).

Ele anda de motocicleta?"

Gravura n. 2: Seis pessoas (dois adultos e quatro crianças). Os dois adultos e duas das crianças estão sentados à mesa, fazendo uma refeição. Duas das crianças estão afastadas da mesa, fazendo outras coisas. O local é uma varanda aberta, com um gramado e árvore ao fundo, o que dá a impressão de estarem ao ar livre. (Utilizada para os silogismos 3 e 4).

Apresentação: "Esta família (apontando) está comendo embaixo das árvores. Eles estão fazendo piquenique. O João (apontando) é o pai. A Lúcia (apontando) é a mãe, e estes (apontando) são os filhos".

Silogismo n. 3: "Todos os filhos e filhas do João tomam leite.

Esta (apontando uma das crianças) é uma filha.

Ela toma leite, ou não?"

Silogismo n. 4: "Só quem já comeu não está na mesa.

O João (apontando) está na mesa.

Ele já comeu?"

Gravura n. 3: Uma moça sentada no chão, segurando uma escova, com um cão "collie" no colo. (Utilizada para os silogismos ns. 5 e 6).

Apresentação: "O nome desta moça (apontando) é Maria. A Maria tem muitos cachorros".

Silogismo n. 5: "Todos os cachorros de Maria são pequenos.

Este cachorro (apontando) é grande.

Ele é da Maria ou não?"

R: "Mora."
J: "Porque ele pesca no rio Taguá".

A mesma coerência entre resposta correta e justificativa adequada ainda é encontrada, neste adulto, para os silogismos ns. 5, 6, 7, 8, 10, 11, 12 e 13.

Silogismo n. 6: "Todos os cachorros de raça só comem carne; nunca comem verdura.
Este cachorro (apontando) é de raça.
O que ele come?"
Gravura n. 4: Um homem em pé, de barba cerrada; bigodes, paletó, gravata borboleta, camisa branca e meias brancas. Em lugar das calças, está usando anágua branca. (Utilizada para o silogismo n. 7).
Apresentação: "Este (apontando) é o Pedro. Ele usa saia, o(a) sr.(a) está vendo?"
Silogismo n. 7: "Todos os homens que usam saia trabalham no banco.
O Pedro (apontando) usa saia.
Onde ele trabalha?"
Gravura n. 5. Uma pedreira em primeiro plano; um pedaço de praia e de mar. Uma moça no topo da pedreira, olhando em direção à terra firme. (Utilizada para o silogismo n. 8).
Apresentação: "Estas pedras (apontando) ficam na beira da praia. Esta moça (apontando) é a Ana Maria".
Silogismo n. 8: "Todos que sobem nestas pedras (apontando) enxergam uma cidade.
A Ana Maria (apontando) subiu aí.
O que ela enxergou?"
Gravura n. 6: Uma paisagem de caatinga. Em primeiro plano, um homem a cavalo, vestido com roupas de couro, tendo ao lado um cachorro. (Utilizada para os silogismos ns. 9 e 10).
Apresentação: "Este (apontando) é o João. Ele é vaqueiro. Este (apontando) é o burro Pinhão. E este (apontando) é o cachorro do João. O nome dele é Xote".
Silogismo n. 9: "Todos os vaqueiros só usam roupa de couro para montar.
O João (apontando) é vaqueiro.
O que ele usa para montar?"
Silogismo n. 10: "O João só leva o cachorro Xote junto quando vai longe da fazenda.
Hoje, ele (apontando) está levando o Xote (apontando).
Ele vai indo longe ou perto da fazenda?"
Gravura n. 7: Dois casais sorridentes, sentados em uma sala de visitas, tomando café. (Utilizada para os silogismos ns. 11 e 12).
Apresentação: "Esses quatro (apontando) são amigos. Ele estão se visitando".
Silogismo n. 11: "Esses amigos (apontando) só fazem visita de... (aqui o experimentador dizia um dia da semana diverso do dia de testagem).
Hoje, eles estão se visitando.
Que dia é hoje?"

Quanto às repetições, B. O. repetiu de maneira idêntica os silogismos ns. 1, 2, 5, 6, 7 e 9. Para os silogismos ns. 3, 4, 8, 10 e 12, o sujeito omitiu, durante a repetição, informação que estava presente ostensivamente na gravura, e/ou que já havia ocorrido durante a apresentação da mesma pela entrevistadora. Por exemplo, B. O. repetiu o silogismo n. 4 assim:

"Todos os filhos do João... e filhas... toma leite.
Ela toma leite ou não?"

O termo omitido, no caso, a premissa menor, "Esta é uma filha") torna-se presente na situação interacional pela gravura, o que, de certo modo, torna redundante sua repetição. Além do mais, elementos dêiticos não-verbais, como o gesto de apontar e o movimento dos olhos também servem para suprir essa informação. A mesma explicação pode aplicar-se aos demais casos citados para este sujeito.

Este adulto apresenta ainda uma outra característica digna de nota: seu desempenho não é constante, ou seja, ele não acerta as respostas, justificativas e repetições sistematicamente para os mesmos silogismos. Existe uma não-uniformidade. No caso do silogismo n. 4, por exemplo, B. O. erra a resposta e a justificativa, mas repete de maneira adequada, considerando-se a ressalva discutida acima. Estes fatos discursivos, aqui apresentados de maneira assistemática, serão discutidos em detalhe mais adiante.

Silogismo n. 12: "Todas as pessoas só tomam café depois do almoço.
Agora, eles (apontando) estão tomando café.
Eles já almoçaram, ou não?"
Gravura n. 8: Um casal em roupas de banho, deitado numa praia.
Vê-se uma nesga de mar e umas pedras próximas da praia. (Utilizada para o silogismo n. 13).
Apresentação: "Este (apontando) é o Joaquim. Esta (apontando) é a Isaura.
Eles estão na praia tomando sol".
Silogismo n. 13: "O Joaquim (apontando) sabe nadar, mas a Isaura (apontando) não sabe.
Pra chegar nessas pedras (apontando) precisa ir nadando. Qual dos dois consegue chegar lá?"

J. L., Grupo I (Experimental)

Conservando o critério de só considerar correta a resposta que viesse acompanhada por uma justificativa adequada ao conteúdo do silogismo, então J. L. teve um desempenho correto, em resposta e justificativa, no caso dos silogismos n. 4, 6, 7, 8, 9 e 10.[8]

O mesmo sujeito acertou resposta, justificativa e repetição no caso dos silogismos n. 2, 3, 11, 12 e 13. Algumas das repetições aqui são do mesmo tipo daquelas dadas por B. O., visto ser este sujeito também do grupo experimental, e haver sido, portanto, testado com gravura. Assim, no caso do silogismo n. 11, J. L. repete assim:

"Esses amigos são... faiz visita só os domingo.
Que dia é hoje?"

A premissa menor ("Hoje eles estão se visitando") foi omitida, uma vez que a gravura representa a própria cena da visita.

O mesmo se aplica para a repetição do silogismo n. 4,

"Todos filho de João toma leite.
Essa filha dele toma leite, ou não?"

em que a informação visual fornecida pela gravura, aliada ao gesto dêitico de apontar o referente, provavelmente foi considerada suficiente pelo sujeito, que deixou de explicitá-la verbalmente.

O mesmo sujeito acertou somente a repetição do silogismo n. 6, tendo errado a resposta e a justificativa.

M. N. M., Grupo I (Controle)

Este sujeito é *"sui generis"*, especial, por três motivos:

1º) Devido à posição que assumiu enquanto interlocutor. Enquanto os outros sujeitos da pesquisa pareciam intimida-

---

8. Os silogismos são os mesmos usados para B. O.

dos, alguns nervosos, outros inseguros, pedindo desculpas pela "cabeça que não é boa", M. N. M., pelo contrário, assumiu uma posição simétrica durante a entrevista. Segura de si, às vezes até se impunha, cortando o turno da entrevistadora, como, por exemplo, durante a testagem do silogismo n. 3,[9] quando a E. dispõe-se a repetir o mesmo e M..N. M. retruca: "Pera aí, deixa eu falá".

2º) É surpreendente verificar como M. N. M. consegue transformar os silogismos em narrativas, sem, no entanto, retirar dos mesmos os seus elementos básicos, nem seu caráter lógico-dedutivo.

Apenas como exemplo, cito a segunda repetição para o silogismo n. 5[10]:

"Todos cachorro pequeno é da Maria, mas hoje a Maria tá cum cachorro grande. É o Pixote. O Pixote não é da Maria porque o Pixote é grande".

Comparado com o silogismo original, ressaltam à análise as seguintes características de narrativas no texto acima:
— apresentação destacada das personagens;
— uma alteração na ordem original dos eventos tal qual foram apresentados no silogismo;
— evidenciação (ênfase) de certos elementos circunstanciais, especialmente o *tempo* ("hoje"):
— sobretudo este sujeito transforma a estrutura do silogismo em *história*.

---

9. "Todos os filhos e filhas do João tomam leite.
A Ana é filha do João.
Ela toma leite, ou não?"
10. "Todos os cachorros da Maria são pequenos.
O Pixote é um cachorro grande.
Ele é da Maria, ou não?"

Às vezes, M. N. M. introduz em suas respostas os elementos implícitos logicamente no conteúdo do silogismo, como, por exemplo, na repetição do silogismo n. 7, em que diz:

"Quem num trabaia no Banco, num usa saia."

3º) O outro fator que me atraiu especialmente a atenção para este sujeito foi o seguinte: M. N. M havia sido testada quase uma semana antes como sujeito do grupo experimental, tendo, portanto, visto as gravuras e ouvido as apresentações das mesmas. Por uma falha do aparelho, entretanto, sua participação não foi gravada. Lembro-me de que, já desta primeira vez, ela apresentou um desempenho excelente e adequado, acertando, se não todos, pelo menos a maioria dos silogismos.

Esperei alguns dias, e voltei para gravá-la; desta vez, como sujeito do grupo controle, ainda com os silogismos do Grupo I.

O aspecto atraente e de surpresa deste fato, no entanto, está em que, contra todas as minhas expectativas, M. N. M. recordava-se da testagem anterior, e não somente como um episódio de experiência pessoal; ela lembrava-se do *"verbatim"* quase que perfeitamente. Prova disto está no fato de que ela insere em suas respostas trechos da apresentação das gravuras que só havia ouvido uma vez, na sessão anterior. Por exemplo, na resposta (que é também uma repetição) dada para o silogismo n. 3, M. N. M., *antecipa* uma das premissas do silogismo n. 4,[11] ao dizer:

"Ana tá na mesa".

Ora, tal premissa não faz parte do n. 3, e sim do 4, sob a forma:

"João está na mesa."

---

11. Em Lógica, o silogismo em que subentende uma premissa é denominado "entimema".

Pela justificativa dada ao n. 3, por outro lado, percebe-se que não se pode afirmar que M. N. M. não compreendeu, ou não se lembra da premissa menor:

"Porque ela é filha do João e *da Lúcia*."

Outro fato a se notar é que a parte grifada acima também não consta da premissa menor do silogismo n. 3, mas aparece na apresentação do mesmo para a gravura, que não está sendo mostrada ao sujeito nessa ocasião. Outra evidência da familiaridade deste sujeito com a cadeia significante, não somente relativa à linguagem, como também à parte visual, ou icônica do material.

No silogismo n. 5, temos outro exemplo. Na justificativa, ela diz:

"Todos cachorro de raça come carne... e os outros, que não é de raça, come verdura".

Ora, esse trecho nada mais é do que a premissa maior do silogismo seguinte, n. 6,[12] que M. N. M. ainda não havia escutado naquele dia, mas já ouvira da vez anterior em que fora entrevistada.

Novamente, o fato acima indica que este sujeito possui memória privilegiada, incomum até.

A seguir, pretendo sistematizar a discussão, aprofundando as análises iniciadas nesta parte, ao mesmo tempo em que apresentarei, do ponto de vista teórico, prováveis explicações para estes fatos.

Proposta explicativa: as estratégias discursivas

Creio ter ficado claro que os cinco adultos apresentados no início deste capítulo utilizam estratégias discursivas, que podem ser formalizadas como se segue:

---

12. Todos os cachorros de raça só comem carne, nunca comem verdura.
O Rex é um cachorro de raça.
O que ele come?"

1º) Apagamento da premissa menor durante a repetição.
2º) Colocação da interrogativa (relativa à conclusão) sob a forma de declarativa.
3º) Utilização de técnicas de narrativa.

A seguir focalizarei as estratégias acima, discutindo cada uma delas:

Estratégia n. 1: Apagamento da premissa menor.

Conforme foi mostrado acima, em algumas repetições, a premissa menor, ou parte dela, foi omitida. Alguns exemplos:

"O urso não mora em lugar quente.
No deserto do Saara, não mora urso lá."
(J. D. S. S., sil. n. 2, Grupo II — Controle)

"Todos animal livre mora na floresta.
O tigre mora também?"
(id., sil. n. 6)

"Todas fruta tem vitamina.
A maçã tem vitamina?"
(id., sil. n. 9)

"Só quem já comeu está na mesa.
O João já comeu?"
(B. O., sil. n. 4, Grupo I — Experimental).

"Todos que sobe nessa pedra enxerga uma cidade.
O que ela enxergou?"
(id., sil. n. 8)

"Todos filho de João toma leite.
Essa filha dele toma leite, ou não?"
(J. L., sil. n. 3, Grupo I — Experimental)

"Esses amigo são... faiz visita só os domingo.
Que dia será hoje?"
(id., sil. n. 11)

"Todas as pessoas tomam café depois do almoço.
Eles já almoçaram, ou não?"
(id., sil. n. 12)

Em todos os recortes acima, os sujeitos utilizaram a estratégia de apagamento da premissa menor, ou parte dela. Poder-se-ia afirmar, sem generalizar, que um dos fatores responsáveis pelo uso desta estratégia é a utilização das gravuras para o grupo experimental. Neste caso, a omissão da informação verbal poderia ser interpretada como sendo devida à redundância, isto é, ao fato de a mesma estar presente sob forma icônica na gravura.

Dois fatores, no entanto, refutam esta explicação: em primeiro lugar, não são apenas sujeitos do grupo experimental que a utilizam; em segundo lugar, pergunto: por que também as premissas maiores não foram omitidas na repetição destes sujeitos?

Os pontos acima levantados talvez sirvam como indicadores de que a operação de apagamento da premissa menor, realizada por estes sujeitos, deve-se a fatores mais complexos do que somente o trabalho da percepção, que fica apenas em nível sensorial, de *input* do estímulo visual.

Conforme já comentei na primeira parte deste capítulo, o que se pode depreender deste acontecimento é, antes, um trabalho, por parte do sujeito, de compreensão da relação de inclusão existente entre a premissa maior e a menor. Como conseqüência disto, segue-se uma outra operação, esta de valor econômico ou simplificador, que tem como efeito a retirada, na enunciação, da parte redundante do silogismo, qual seja, aquela que já ocorrera na premissa maior.

Esta argumentação também pode servir como evidência de que estes sujeitos compreenderam de fato o significado global do silogismo, e operaram sobre ele como o todo que é de fato. É importante — também — que se observe que as relações lógicas dedutivas, expressas pelos silogismos, não se perderam em virtude dessas alterações, fato que teria ocorrido, em alguns casos, se a premissa maior tivesse sido omitida ou simplificada. A título de ilustração, vejam como ficaria o silogismo n. 12, do Grupo I (Experimental), sem a premissa maior:

"Agora esses amigos estão tomando café.
Eles já almoçaram, ou não?"

Os enunciados acima reduziram-se a meros fatos submetidos à adivinhação, e perderam toda a coerência e implicação lógica típica dos silogismos.

Em particular, quero crer que esse procedimento indica que o sujeito que o utiliza tem algum domínio sobre um tipo de pressuposição pragmática, a qual especifica que os responsáveis pela enunciação podem deixar implícita aquela informação que eles acreditam já ser do conhecimento do interlocutor. O apagamento da premissa menor deve ser visto, então, como uma escolha discursiva, feita entre outras possíveis mas não adequadas (por exemplo, o apagamento, nos mesmos silogismos, da premissa maior). Essa estratégia indica que o emissor é capaz de estabelecer para si um certo consenso sobre a quantidade de conhecimento partilhado. Significa, ainda, que este emissor sabe que seu interlocutor é capaz de efetuar *démarches* (cf. Grice, 1975, citado em Ducrot, 1977) discursivas sobre a mensagem que ele estiver recebendo, e que é capaz de "preencher" a informação ausente.

Esta estratégia de apagamento da premissa menor, do ponto de vista enunciativo-pragmático, pode indicar também que os indivíduos que a utilizam são capazes de perceber a *implicação* existente entre a premissa maior e a menor. Levar a efeito o apagamento da premissa menor é, portanto, o resultado de uma operação metaprocedimental relacionada à compreensão do silogismo.

Estratégia n. 2: Colocação da interrogação em forma declarativa

Apresento, inicialmente, alguns exemplos desta estratégia:

"(A sandália de plástico) não enferruja."
(J. D. S. S., sil. n. 7, Grupo II — Controle)

"... e (o sal) desmanchou" (id., sil. n. 8).
"Então, Pedro mora na cidade."
(M. N. M., sil. n. 1,[13] Grupo I — Controle)

"O Pixote come carne, porque o Pixote ele é de raça."
(id., sil. n. 5)

A explicação desta estratégia parece estar ligada à seguinte questão:

Por que se fazem perguntas?

Do ponto de vista pragmático, pode-se dizer que as perguntas representam busca de informação, dissipação da dúvida, confirmação de suspeita etc.[14]

Para Ducrot (op. cit.), "o pressuposto da pergunta é o elemento comum (formulado eventualmente sob a forma de uma disjunção lógica) a todas as respostas que ela admite". (p. 100) Acrescenta o autor que "Essa propriedade pode, conseqüentemente, valer como uma definição geral dos pressupostos das perguntas — o que permite formular a regra: as únicas respostas admitidas por uma pergunta são aquelas que lhe conservam os pressupostos" (pp. 100-101).

De acordo com o autor, uma interrogativa do tipo sim/não, por exemplo, só admite respostas, que sejam também os seus pressupos-

---

13. "Só quem mora na cidade pesca no rio Taguá."
Pedro pesca no rio Taguá.
Ele mora na cidade, ou não?"

14. Não incluo nesta discussão as perguntas que equivalem a atos de fala indiretos, isto é, perguntas que exprimem ordens, pedidos etc.

tos: sim ou não. Acrescenta que "Qualquer outra atitude significaria não responder". (p. 100) A mesma argumentação é válida para as chamadas interrogativas "*qu-*".

Continuando a discussão sobre as funções pragmáticas da interrogativa, acrescento ainda que essa modalidade é usada interacionalmente quando aquele que interroga deseja contrastar a informação nova e a velha, relevantes dentro de um recorte internacional.

Ochs et alii (1979), discutindo a função das interrogativas no processo de aquisição da linguagem, argumentam que, dentro de uma visão vertical do discurso, o par *pergunta-resposta* corresponde a uma construção *argumento-predicado* realizada conjuntamente, pelo participante que pergunta e pelo que responde, e que o produto deste procedimento é a construção conjunta de uma proposição. Deste modo, o controle dos interlocutores sobre a função lógica das interrogativas (a construção argumento-predicado) deve ser buscado dentro da situação discursiva em que elas ocorrem. O mesmo argumento aplica-se à sua função pragmática.

Retornemos agora ao problema específico que está em discussão, qual seja, a estratégia n. 2: por que a substituição da interrogativa por uma declarativa? Creio eu que esta estratégia é utilizada porque os sujeitos *não vêem motivos para interrogar*. Isto implica afirmar que:

1º) Esses sujeitos compreenderam as variáveis pragmáticas presentes no recorte interacional específico da situação interacional. Sabem, portanto, que o interlocutor está fazendo uma pergunta meramente retórica. Ou seja: os sujeitos sabem perfeitamente que o entrevistador não tem dúvidas a dissipar; e, logo, que não há, realmente, pergunta nenhuma a ser feita.

2º) A inclusão lógica entre premissa maior e menor também desempenha um papel aqui: a pergunta da conclusão, na verdade, não tem a finalidade de introduzir informação nova, visto que toda informação necessária já foi explicitada pelas duas premissas. Logo, novamente, por que perguntar?

3°) Em virtude desses fatores, estes sujeitos escolhem não responder à exigência implícita da situação interacional, o que equivaleria a repetir o silogismo *verbatim*, com a conclusão na forma interrogativa. Pragmaticamente, esta escolha pode ser interpretada como uma medida de economia, de evitação de redundâncias, o que me leva a reconhecer nesses sujeitos um certo mecanismo de controle, até um limite, sobre as variáveis presentes à situação discursiva.

Tal como ocorre com a estratégia anterior, aparentemente esta também parece encaminhar para um caminho explicativo determinado: estes adultos compreenderam e operaram sobre os silogismos a nível metaprocedimental, e é por este motivo que substituem a interrogativa, que exprime dúvida, pela afirmativa que exprime certeza.

Esta estratégia aponta também para outra característica destes sujeitos; ele percebem a construção conjunta de conhecimento que ocorre durante a testagem, e que inclui a eles, sujeitos, e à interlocutora. É por isso que dispensam a pergunta e vão direto à resposta, no caso das conclusões dos silogismos, uma vez que a resposta, em alguns casos, já havia sido dada antes da repetição, e, portanto, a construção conjunta argumento-predicado de que falam Ochs et alii (op. cit.) já fora explicitada anteriormente, pelo próprio caráter de verticalidade do diálogo. Portanto, parece que esses adultos não perdem de vista o processo dialógico que está em fluxo no momento, nem o aspecto de produção conjunta de significados que ocorre na situação de enunciação. Os enunciados produzidos, portanto, devem ser inseridos neste processo de produção, cuja dinâmica ao mesmo tempo determina e é determinada pelo que já foi dito e pelo potencialmente enunciável.

Por outro lado, voltando à análise de Ducrot (op. cit.) sobre a função pragmático-semântica das interrogativas, talvez se possa explicar a presente estratégia pelo fato de que os sujeitos que a utilizam deram-se conta de que a pergunta feita pela entrevistadora não é uma pergunta com função normal de interrogar. Logo, os pressupostos de Ducrot não seriam válidos neste caso, e os sujeitos compreendem que o ato de interrogar é inútil, visto que eles já sabem a resposta, sabem que a entrevistadora também sabe a resposta, e que *ela sabe que eles sabem a resposta*. Logo, engajam-se na única saída, também proposta por Ducrot, que é *não responder*. Notem que, se este raciocínio for válido, então temos aí, na própria estratégia, uma operação de segunda ordem, qual seja: os sujeitos não atuam diretamente sobre o conteúdo explícito dos enunciados, mas sobre os seus pressupostos. O que evidencia, mais uma vez, o conhecimento da verticalidade do diálogo que esses adultos têm.

Estratégia n. 3: Utilização de técnicas de narrativa

O uso desta estratégia tem por efeito a transformação da estrutura do silogismo em estrutura de narrativa, e o que opera essa transformação são as características discursivas novas que são inseridas no silogismo, a saber:

— destaque atribuído à atuação das personagens;
— uma reordenação dos eventos, que deixam de obedecer à seqüência lógica que tinham no silogismo, e passam a seguir uma ordem mais livre;
— a inclusão de elementos indicativos de circunstâncias, conectivos etc.;
— a conclusão do silogismo toma a forma de desenlace da narrativa.

Vejamos alguns exemplos, todos retirados do gabarito de M. N. M., que, como vimos no início deste capítulo, é o sujeito que se destacou pela utilização desta estratégia:

1º) Justificando a resposta ao silogismo n. 3, este sujeito diz:

"Porque ele tá na mesa, e quem já comeu, já saiu da mesa. Na casa de João, só vai na mesa quem inda não comeu ainda. E o João e a família tá na mesa. É porque eles ainda num comeu ainda."

No exemplo acima, chamo a atenção para a focalização central dada às personagens, para o desfecho, do tipo narrativo, e para a reordenação dos eventos.

2º) Ao repetir o silogismo n. 10, M. N. M., diz:

"O vaqueiro João hoje vai longe, porque ele vai levando o cachorrinho. O dia que ele vai perto, ele num leva o cachorro, mas hoje ele vai longe, vai levando o cachorro."

Estão presentes aí os seguintes elementos de narrativa: elementos circunstanciais indicadores de tempo ("hoje", "o dia"); conectivos ("mas", "porque"); reorganização da ordem de ocorrência dos eventos.

É importante ressaltar que, apesar da utilização dessas técnicas reveladoras da estratégia n. 3, M. N. M., não obstante, preserva o conteúdo lógico do silogismo, e em nenhum momento altera ou distorce as relações de conteúdo estabelecidas entre as premissas.

Por que M. N. M usa esta estratégia? Este sujeito foi meu intermediário para contatar outros adultos não-alfabetizados de sua comunidade. Por este motivo, tive uma curta convivência com ela. Durante esse período, descobri ser M. N. M. uma exímia contadora de histórias, muitas delas longuíssimas. M. N. M. lembra-se de diversas histórias de memória, e não se faz de rogada para contá-las.

Scribner (op. cit.) relata o caso de pelo menos um sujeito que assimila o conteúdo do silogismo à estrutura da narrativa. O silogismo apresentado pela autora, neste caso, foi o seguinte:

"Todas as lojas de Kpelleland ficam em uma cidade.
A loja do sr. Ukatu fica em Kpelleland.
A loja do sr. Ukatu fica em uma cidade?" (p. 237)

Um dos Kpelle testados por Scribner produziu a seguinte repetição desse silogismo:

"Você me contou que o sr. Ukatu veio de sua terra natal e construiu sua loja em Kpelleland. Aí, você me perguntou: ela fica em uma cidade?" (p. 237)

A autora faz a seguinte observação sobre a repetição acima:

"(...) o sujeito assimilou o problema a uma forma narrativa. Ele importou informação nova, relacionada a um sr. Ukatu, conhecido pessoalmente (...) mas omitiu inteiramente a premissa maior." (p. 238)

No mesmo artigo, Scribner apresenta uma explicação teórica para essas assimilações, sob a forma de esquemas de conhecimento pré-existentes, os quais, segundo a autora, atuariam sobre o conteúdo dos silogismos, modificando-o:

"Se as relações que o problema expressa são arbitrárias, mas não estão em harmonia nem em oposição ao conhecimento acumulado, então a assimilação dessas relações a esquemas de conhecimentos pré-existentes pode militar *contra* a compreensão, evocação e solução de problemas, ao invés de facilitá-los." (p. 239)

Chamo a atenção, entretanto, para o fato de que o sujeito citado por Scribner deteriorou a estrutura lógica do silogismo, enquanto que o meu sujeito, M. N. M., *conserva as relações lógicas, acrescendo-lhes uma estrutura narrativa*. Com efeito, parece que M. N. M. é um caso inverso do discutido por Scribner, visto que usa o conhecimento da estrutura narrativa como ponto de partida para *compreender e reproduzir* os silogismos.

Deste modo, temos, no caso de M. N. M. alguém que consegue atingir o nível metaprocedimental utilizando um conhecimento anterior como estratégia: o conhecimento da estrutura da narrativa. Isto significa, talvez, que, do ponto de vista cognitivo, este sujeito usa o esquema para a estrutura narrativa, que ele já havia internalizado, como uma via de acesso para a compreensão de outros esquemas (no caso, o esquema para compreender o raciocínio lógico-verbal). Esse esquema da narrativa, no entanto, é utilizado de maneira *ativa* por M. N. M., como uma estratégia que lhe permite, inclusive, atingir o nível metaprocedimental.

O domínio do esquema de narrativa, então, permite que este sujeito contextualize o conteúdo formalizado do silogismo, e o transforme em um tipo de discurso não mais formalizado do ponto de vista lógico, porém lógico em outro sentido: no sentido que se atribui à lógica no uso cotidiano da língua.

Scribner (op. cit.) afirma, a respeito, que "Naturalmente, é verdade que as pessoas não 'falam em silogismos' em qualquer comunidade conhecida (...)". (p. 240) Porém, não se pode negar que nos usos ordinários, comunicativos, da língua, muitas vezes se inserem silogismos, ou raciocínios dedutivos sob a forma de silogismo, interpenetrando uma conversa informal. Somente para ilustrar, e utilizando um recorte do momento sócio-político-econômico atual, creio que seria bastante plausível que, numa conversa entre dois cidadãos, de repente ocorresse a seguinte construção:

"Quando os preços são congelados, a inflação cai. Como o Funaro congelou os preços, então você pode esperar que vai haver uma queda no índice de inflação."

Ora, no exemplo acima está presente um raciocínio lógico-verbal, se bem que não tenha a formalização estrutural da lógica.

É a esses usos cotidianos do discurso lógico que estou me referindo quando relato o caso de M. N. M.

Discussão e conclusões

Em resumo, até este momento, examinei, neste capítulo, casos de sujeitos que compreendem os silogismos a eles apresentados, fato que se evidencia pelas respostas, repetições e justificativas adequadas. No entanto, apesar de afirmar que estes sujeitos atingiram um nível que pode ser chamado de metaprocedimental, gostaria de chamar a atenção para o fato de que o comportamento utilizado por eles durante as três etapas da testagem *não* é o comportamento que teria uma pessoa alfabetizada e com escolaridade.

Existem diferenças básicas, que se evidenciam pelas transformações que esses sujeitos não-alfabetizados introduzem na estrutura do silogismo, transformações essas que foram aqui tratadas como estratégias.

Adiantando um pouco mais a discussão, direi que a formalização introdutória sobre o metaconhecimento pode perfeitamente aplicar-se às *pessoas letradas e escolarizadas*, mas não é de modo algum adequada para explicar a produção e compreensão de silogismos no caso dos iletrados. Fatos teóricos de outra natureza devem ser invocados neste último caso. Creio eu que de natureza *discursiva e pragmática*.

Minha proposta é a seguinte: existem caminhos alternativos, não necessariamente iguais, nem compensatórios, os quais levam a um domínio do discurso, no nível "meta", pessoas que não percorreram os caminhos tradicionais que levam a esse domínio (por exemplo: alfabetização e educação formal). Como conseqüência, a natureza dos metaprocedimentos utilizados por essas pessoas é diferente, estando mais ligados ao conhecimento pragmático e às regras que fundamentam os usos cotidianos do discurso, em situações comuns de comunicação.

Toda discussão e exemplificação levadas a efeito nas partes anteriores deste capítulo apontam para esta direção: a utilização de estratégias é guiada muito mais por princípios pragmáticos do que pela necessidade lógica de coerência imposta pelos silogismos.

Especificando melhor esses princípios, ou conhecimento pragmático, acrescento que eles parecem relacionados a uma habilidade para detectar e resolver conflitos que se estabelecem na dialogia, e que são mais produzidos pela situação de enunciação do que pelos enunciados envolvidos. Esses princípios, portanto, estariam determinados pelo conhecimento das leis *conversacionais*, conforme formuladas por Grice (1975) e Ducrot (1972), levando em conta as restrições feitas à teoria griceana pela teoria da enunciação, isto é: deixando de considerar a *informação* como eixo determinante das máximas conversacionais, e deslocando esse eixo para a interação, o diálogo, a própria atividade conversacional enquanto processo.

Grice (op. cit.) utiliza o termo "princípio", relacionado a uma análise lógica da conversação, para designar "(...) uma certa subclasse de implicaturas não convencionais, às quais chamarei de implicaturas CONVERSACIONAIS (...)", (p. 45) as quais, segundo o autor, estão "(...) essencialmente ligadas a certas características gerais do discurso (...)" (idem). Na visão griceana, portanto, o princípio cooperativo funciona como um quadro pré-existente, ao qual os interlocutores devem aderir durante a interlocução. Críticas recentes à teoria griceana — Guimarães (1979), Orlandi (1983), Flahault (1979), Wilson e Sperber (1979), Récanati (1979) —, no entanto, têm questionado a validade das máximas de Grice. Com efeito, na medida em que são colocadas aprioristicamente, sua aceitação significaria negar o modelo construtivista do diálogo, cujo produto não pode ser antecipado por máxima nem princípio algum, dado o conceito de "significado emergente" que está subjacente ao mesmo.

Deste modo, ao falar em uma lógica da conversação, incorporo à mesma as críticas acima feitas ao modelo griceano. Talvez fosse mais oportuno aqui adotar os reparos feitos a esse modelo por Wilson e Sperber (op. cit.), os quais reduzem o princípio cooperativo e as máximas a um único axioma, que os autores denominam *axioma da pertinência*, o qual fundamenta-se em "(...) uma relação entre, de um lado, uma proposição enunciada, e, de outro, um conjunto de proposições que o ouvinte tem na memória". (p. 88) Tal formulação não entra em conflito com o modelo de construção que proponho neste livro, segundo o qual o relevante é construído no momento da interação.

Retomando as estratégias apresentadas no início, e analisando-as a partir do ponto de vista acima, obteremos as seguintes conclusões:

Estratégia n. 1: Apagamento da premissa menor

De maneira genérica, esta estratégia poderia ser desdobrada da seguinte maneira: dado que estes sujeitos têm consciência do *continuum* do discurso no recorte interacional específico da situação interacional, então, no momento em que lhes é pedido para repetir o silogismo, eles omitem a premissa menor, uma vez que, como já vimos, existe uma parte de informação desta premissa que é não pertinente, pois está presente na premissa maior. Agindo assim, evitam prolixidade e exagero na interação. Fica claro, do ponto de vista cognitivo, que a aplicação desta estratégia só é possível porque o sujeito é capaz de descentrações, e porque ele tem o saber discursivo de que estão ocorrendo conflitos na situação dialógica, os quais ele resolve pela utilização da estratégia.

Estratégia n. 2: Colocação da interrogativa na forma declarativa

Do ponto de vista de uma abordagem interacional, é preciso integrar esta estratégia, para complementá-la, a um conceito pertencente à análise do discurso: as formações imaginárias, especificamente as relativas ao referente (silogismo).

Sob este aspecto, observa-se que, com o decorrer do diálogo, a imagem que os sujeitos que usam a estratégia n. 2 fazem do referente vai se modificando: no momento de dar a resposta, a situação de interlocução se configurava da seguinte maneira: a pergunta relativa à conclusão do silogismo devia ser respondida, isto é, o sujeito interpretava a situação como um lugar do diálogo em que ele precisava provar que sabia qual era o referente, e que esta prova seria fornecida pela resposta. Porém, no momento em que a entrevistadora pede-lhe que repita o silogismo, então a resposta já foi dada, e a situação de interação é mais ou menos especificada pelos seguintes fatores: quando o sujeito é solicitado a repetir o silogismo, ele já sabe qual é a resposta à pergunta da conclusão e já sabe que o interlocutor sabe que ele sabe a resposta.

Deste modo, obedecendo ao conhecimento de uma lógica de conversação, especificamente do axioma da pertinência, ao repetir o silogismo ele não repete a pergunta, mas repete a resposta, colocando, portanto, a conclusão na forma declarativa.

Mais uma vez, percebe-se que estão em jogo aí fatores relacionados à capacidade de descentração desses sujeitos, que lhes permite manter "em fluxo" uma visão global da construção de significados que está sendo feita durante o diálogo, daquilo que é dito e que não é dito. Novamente, ainda, a explicação desta estratégia prende-se a uma necessidade de resolver um conflito detectado pelo sujeito na interlocução, qual seja: atender o pedido para repetição *verbatim* representaria, do ponto de vista da interação, uma negação das etapas já ultrapassadas (Resposta e Justificativa) e um retorno ao início, o que equivaleria a negar o significado construído até aquele momento, bem como as formações imaginárias relativas ao referente. Seria negar, em resumo, o conhecimento compartilhado, que o sujeito, através da aplicação desta estratégia, demonstra saber que existe e que está em jogo na construção do discurso.

Além do mais, do ponto de vista pragmático, o fato de o sujeito não repetir a pergunta como tal leva a outra suposição: não perguntar pode significar, no nível da metamensagem, que o sujeito compreendeu e aceitou os papéis que estão em jogo nessa interação específica, ou seja: um sujeito pergunta (no caso, a entrevistadora), o outro responde (ele, o sujeito). Por isso, "aquele que responde" evita a pergunta e transforma-a em resposta.

Estratégia n. 3: Uso de técnicas de narrativa

A meu ver, o seguinte processo ocorre aqui:

Em primeiro lugar, o sujeito interpreta a situação interacional como um lugar de dialogia, de intertroca de informação e de construção conjunta de um referente.

Os silogismos, nesse pano de fundo, aparecem-lhe como "corpos estranhos", visto que sua estrutura formalizada está antecipadamente pronta, e portanto não pode ser negociada. Por outro lado, a informação presente nos silogismos (conteúdo das premissas e da conclusão) independe de evidências e contém uma verdade intrínseca decorrente da própria estrutura dos mesmos.

No entanto, para o sujeito, esta situação configura-se como contraditória, visto que existe um conteúdo percebido como pronto (o silogismo) num recorte que o sujeito interpreta como sendo um lugar de negociação de conteúdos (a dialogia).

Esse conflito é resolvido por ele através do acréscimo de uma estrutura verossímil à estrutura do silogismo: a estrutura da narrativa a qual, por sinal, devido à experiência pessoal desse sujeito, sintetiza o modo de interação ideal entre os interlocutores, num diálogo (alguém que conta uma história para alguém que ouve essa história).

Desse modo, através das técnicas de narrativa, o sujeito põe em uso o axioma da pertinência, ao mesmo tempo em que atribui evidências adequadas ao conteúdo dos silogismos.

Do ponto de vista cognitivo, o uso desta estratégia denota, mais uma vez, que o sujeito que a usa é capaz de levar a efeito descentrações cognitivas que lhe permitem analisar, numa situação conflituosa, quais os elementos destoantes, e reparar essa situação, utilizando-se, para tanto, de seu conhecimento pragmático.

Por outro lado, vemos que, mesmo dentro da estrutura narrativa, o sujeito preserva o conteúdo dos silogismos, o que indica que um nível de metaprocedimento foi atingido, mas foi modificado pelo quadro de referência pessoal do sujeito e pelo seu conhecimento sobre o funcionamento do discurso.

É neste tipo de conhecimento, portanto, que se deve buscar a explicação para as atividades metaprocedimentais dos cinco sujeitos estudados neste capítulo. Reafirmo, novamente, que o metaconhecimento destes não-alfabetizados não é da mesma natureza que o metaconhecimento atingido pelas pessoas letradas e escolarizadas, visto que as rotas que levam a um e a outro são diversas: conhecimentos e práticas não-formalizados nem sistematizados, por um lado; e, por outro, formalização do conhecimento e treino em certos esquemas de pensamento (como o raciocínio dedutivo), formalização e treino, esses que são feitos primordialmente através da escola e que só se tornaram possíveis devido ao uso da escrita.

CAPÍTULO IV
Comentários finais

Os sincretismos

O sincretismo é um fato natural nos usos cotidianos da linguagem. Existem, no entanto, discursos especializados nos quais o sincretismo não tem lugar. É o caso da ciência em geral, e da lógica, em particular.

Nas ciências, especialmente as chamadas "exatas", as explicações para os fenômenos observados devem obedecer a duas exigências, as quais Hempel (1981) chama de "requisitos": o requisito da relevância explanatória e o requisito da verificabilidade. A relevância explanatória, segundo o autor, "É a condição a ser satisfeita para que estejamos autorizados a dizer: 'O fenômeno está explicado — é justamente o que se esperava nas circunstâncias dadas'" (pp. 66-67).

O requisito da verificabilidade prega que "(...) os enunciados que constituem uma explicação científica devem prestar-se à verificação empírica" (p. 67).

A relevância explanatória tem íntima relação com o discurso científico: com efeito, a explicação do fenômeno deve ser tal que permita a verificabilidade. Qualquer tentativa de inverter o processo, e tentar forçar a estrutura verbal a fim de dar uma aparência de cientificidade à mesma, resulta em explicações não relevantes, portanto, não científicas. Minha hipótese é que essas "explicações" seriam todas sincretismos. Observemos, como ilustração, o seguinte exemplo de explicação não relevante (e, portanto, não científica) dado pelo próprio Hempel:

> "O astrônomo Francesco Sizi apresentou o seguinte argumento para demonstrar por que, ao contrário do que seu contemporâneo Galileu afirmava ter visto com uma luneta, não pode haver satélites circulando em torno de Júpiter: 'Existem sete janelas na cabeça: duas ventas, duas orelhas, dois olhos e uma boca. Do mesmo modo, existem no céu duas estrelas propiciadoras, duas desfavoráveis, duas luminosas e uma só indecisa e indiferente, que é Mercúrio. Daí e de muitos outros fenômenos semelhantes da natureza (sete metais etc.), que seria fatigante enumerar, concluímos que o número dos planetas é necessariamente sete... Além disso, os satélites são invisíveis a olho nu, logo não podem ter influência sobre a Terra, logo são inúteis, logo não existem'" (p. 66).

O sincretismo ou sincretismos presentes à argumentação acima são evidentes: a analogia entre a anatomia do corpo humano e a constituição do universo; a colocação do "mágico número 7" como dogma científico; a postulação da não-existência para o não visível a olho nu etc.

Do ponto de vista da estrutura discursiva, o que se nota na argumentação acima é o uso de conjunções como: *logo, daí*, e de advérbios como *necessariamente*, que dão uma aparência científica à formulação explanatória.

Uma das exigências do discurso científico é, portanto, evitar os sincretismos. O raciocínio silogístico, deste ponto de vista, é o lugar ideal para que isso se realize, principalmente devido à sua estrutura fechada, e à relação de inclusão de um particular num genérico.

Chegamos agora à questão específica levantada pelo genérico da premissa maior. A função desse genérico é de restringir o conhecimento, já que no silogismo ele serve como moldura para enquadrar o particular (contido pela premissa menor).

Ora, vamos opor a esse genérico dos silogismos, cuja força está em restringir e formalizar, um outro tipo de genérico, que ocorre em situações cotidianas, não-científicas, de uso do discurso, algumas das quais já foram mencionadas anteriormente, especialmente no capítulo II: trata-se dos genéricos que ocorrem em provérbios, simpatias, conselhos, rezas.

Nessas situações naturais, não-formalizadas do uso do discurso, a estrutura formalizada do genérico co-existe com o uso de sincretismos.

Nesses contextos, o genérico perde a força restritiva que possui no silogismo, e adquire função totalmente oposta: ao invés de fechar, *abre* um leque infinito de possibilidades.

A diferença fundamental entre os dois genéricos está no fato de que, enquanto que o genérico dos silogismos está direcionado para a formalização de uma estrutura científica, ao contrário, o genérico dos provérbios, rezas etc., está orientado para finalidades pragmáticas.

Neste ponto, um *"flash"* do passado vem-me à memória: mãe atarefada com sete filhos barulhentos, que não cessavam de correr, pular, brigar, e, conseqüentemente, não lhe davam sossego, esporadicamente proferia a seguinte máxima.

"Macaco que muito pula quer chumbo".

O genérico contido no provérbio acima soa como uma advertência, quando proferido no contexto em questão. Esta é a finalidade pragmática nesse caso: o provérbio é usado pela mãe como tentativa para regular o comportamento dos filhos.

Imagino, no entanto, outros recortes em que o mesmo provérbio poderia ser usado: por exemplo, para encerrar uma narrativa (ou relato) sobre alguém que cometeu um crime e por isso foi castigado.

Outra experiência que, muitos de nós, que já freqüentamos escolas, temos, refere-se àquele momento da aula de Português em que o(a) professor(a) coloca na lousa um provérbio como, por exemplo:

"Deus ajuda quem cedo madruga".

e depois diz aos alunos:

"Contem uma história diferente..."

E cada aluno cria uma história diferente.

É a esse caráter, que o genérico do senso comum possibilita, de abertura para o mundo, que me referi acima.

Com relação às rezas, feitiços, simpatias, a estrutura genérica aparentemente serve para que o agente (curandeiro etc.) proteja-se contra eventuais fracassos: com efeito, o genérico das rezas é tão aberto que se pode perfeitamente dizer que "aquele não serviu" e apelar para outro, e assim consecutivamente, até que algum efeito se produza, ou então que o interessado desista. Deste modo, a pessoa daquele(a) que benze fica resguardada, visto que "foi a reza que não funcionou". Nestes casos, existe ainda o fator misticismo em ação, pois o benzedor é visto somente como um intermediário que detém o conhecimento das fórmulas mágicas que curam. Então, o fracasso pode sempre ser creditado à não-benevolência das entidades invocadas.

Então, é esta abertura infinita para práticas, interpretações e usos diversos que caracteriza o genérico do senso comum.

Como se pode perceber, a compreensão desses genéricos, pelos indivíduos de um determinado grupo social que deles faz uso, vem impregnada por um caráter sincrético, isto é, eles são compreendidos contra o pano de fundo das variadas situações em que foram usados. Não têm sentido fora de um quadro de referências pragmático...

Portanto, esses genéricos e o sincretismo andam lado a lado. Com efeito, foi isso que mostrei no capítulo II, em que ficou claro que os sincretismos produzidos pelos sujeitos ali estudados estão relacionados a um conhecimento genérico de características de senso comum, conhecimento esse que aflora numa situação em que o sujeito sente-se confrontado com o outro genérico, este de caráter científico e fechado, formalizado, presente nas premissas maiores dos silogismos que lhe estão sendo apresentados. Incapazes de enfrentar esse genérico "estranho", deslocado de contextos, os sujeitos então substituem-no pelos seus genéricos familiares, e, através da produção dos sincretismos, resgatam-se enquanto sujeitos de seu próprio discurso, e introduzem na situação interacional seus parâmetros próprios de argumentação.

Conforme já foi visto no capítulo II, esse movimento no sentido da auto-afirmação como sujeito do próprio discurso tem, como bases cognitivas, a adaptação e suas duas faces: acomodação e assimilação, bem como um esforço de descentração, que é bem sucedido no nível pragmático.

Portanto, a produção de sincretismos pode ser encarada como um modo de inserção do sujeito na enunciação, através da recorrência ao seu conhecimento factual e do senso comum. Nos sincretismos, o sujeito compara o conhecimento genérico expresso pela premissa maior com o seu conhecimento genérico, não-letrado do mundo. Muitas vezes, esse conhecimento não-letrado está impregnado pelo conhecimento letrado, devido ao próprio fato de que estes sujeitos vivem em uma cultura perpassada por valores, normas e verdades "científicas", produtos da escrita.

As atividades metaprocedimentais

O metaconhecimento, conforme já foi visto no decorrer deste trabalho (especialmente nos capítulos I e II), tem sido considerado como uma aquisição que se dá em função de fatores como escolarização e domínio da escrita.

O domínio do nível "meta", em geral, é considerado pelos autores ali apresentados como intimamente relacionado com o desenvolvimento do raciocínio lógico, e a aquisição de modalidades abstratas de pensamentos. Em termos transculturais, tem-se afirmado que os grupos sociais "primitivos" não se desenvolvem intelectualmente a ponto de atingirem o nível do metaconhecimento, fato que é creditado principalmente à sua condição ágrafa ou iletrada.

A aquisição de um sistema escrito tem sido, então, apontada como condição *sine qua non* para a aquisição do metaconhecimento, visto que somente a escrita permitiria a descontextualização total que é exigida, por exemplo, na compreensão de raciocínios lógico-verbais, ou silogismos.

No entanto, mostrei neste trabalho contra-exemplos a esta ordem de coisas, visto que alguns dos sujeitos não-alfabetizados que estudei conseguiram compreender os silogismos apresentados.

As implicações deste fato são de várias ordens, e pressupõem uma discussão em três níveis, a saber:

1º) Uma discussão acerca da existência ou não de uma relação necessária entre o domínio da escrita e o metaconhecimento;

2º) Uma discussão acerca da escrita e sua valorização nas sociedades industrializadas, valorização essa que freqüentemente vem acompanhada de uma desvalorização da oralidade;

3º) Uma discussão no nível teórico, principalmente do paradigma piagetiano, visto que o mesmo mostrou-se inadequado em muitos momentos para explicar os dados aqui levantados.

É o que veremos a seguir.

Domínio da escrita e metaconhecimento: relação necessária?

Os vários estudos que foram revistos neste trabalho parecem não deixar dúvidas acerca do fato de que a aquisição de um sistema escrito leva ao metaconhecimento, quer se observe a história social das civilizações, quer se observe a história dos indivíduos em uma dada sociedade.

No entanto, se a escrita necessariamente conduz ao raciocínio lógico e no nível meta, cabe aqui a seguinte questão: *somente* a aquisição de um sistema escrito possibilita esse progresso? Ou, ainda melhor: seria o metaconhecimento de natureza tal que ele só se torna acessível àqueles que sabem ler e escrever bem?

Os dados colhidos e mostrados neste trabalho, bem como as interpretações que foram dadas aos mesmos, apontam para uma resposta negativa: não, os níveis meta de funcionamento *não* são possíveis somente para quem domina o sistema escrito de sua língua.

Notem que usei o plural: "níveis" meta. Isto porque uma das conclusões que se tira observando os dados aqui apresentados é que somente a escrita permite a descontextualização total que é exigida. Do mesmo modo, não se pode considerar que somente um tipo de conhecimento leva ao metaconhecimento (por exemplo, somente o conhecimento e domínio da escrita).

Já mostrei no início deste capítulo que a produção de sincretismos pode ser encarada como um primeiro nível meta, quer em termos de raciocínio individual, quer em termos de história da ciência. A natureza das descentrações que são levadas a efeito no caso da produção dos sincretismos pelos adultos aqui estudados mostra bem que existe um objeto que eles estão conseguindo "alçar" como objeto de contemplação objetiva: é assim que comparam o conteúdo dos silogismos àquele de seu quadro de referências baseado na experiência pessoal, esteja esta impregnada ou não pelas modalidades de pensamento e "verdades" disseminadas pela escrita.

Russel (1951, p. 23, citado em Watzlawick et alli, op. cit., p. 174) afirma que:

"(...) toda a linguagem tem, como afirma Wittgenstein, uma estrutura a cujo respeito, *na linguagem*, nada pode ser dito, exceto que poderá haver uma outra linguagem que trate da estrutura da primeira linguagem e contenha em si uma nova estrutura, e que talvez não existam limites para essa hierarquia de linguagem."

Desse ponto de vista, os sincretismos poderiam ser encarados como um nível meta anterior às atividades metaprocedimentais. De dentro de uma perspectiva pragmática, esses níveis serviriam para desfazer a visão congelada do mundo que o silogismo transmite, a qual não faz sentido numa situação de interação, onde o significado emergente é dado como pressuposto.

É importante ainda lembrar que o metanível correspondente às atividades metaprocedimentais mostradas no capítulo III é de natureza diferente de outros níveis meta, alcançados por pessoas alfabetizadas.

A questão seguinte é: em que consiste essa diferença de natureza entre os dois procedimentos meta, o dos não-alfabetizados e o dos alfabetizados? Quanto aos segundos, ficou já especificado no decorrer deste trabalho (principalmente no início do capítulo III) como ele funciona, como se desenvolve e quais suas características. Em resumo, o metaconhecimento dos alfabetizados pode ser tomado como sinônimo de descentração completa, equilíbrio estável, reversibilidade operatória. Decorre do desenvolvimento das estruturas lógico-matemáticas, instala-se durante o estágio operatório-formal, e está relacionado casualmente com a escolarização e o domínio da escrita.

Como também já foi visto, no entanto, as atividades metaprocedimentais apresentadas pelos adultos não-alfabetizados estudados nesta pesquisa baseiam-se em estratégias, que não são usadas na mesma situação por adultos alfabetizados.

A meu ver, essas estratégias fornecem as pistas para se responder às questões colocadas no início desta seção. Minha proposta é a seguinte: existem caminhos que levam a um nível meta de raciocínio, os quais são alternativos àqueles apontados tradicionalmente. Um desses caminhos parece ter ficado evidente neste trabalho: refiro-me ao conhecimento e domínio demonstrado pelos adultos acerca de como funciona o discurso e de quais os mecanismos subjacentes à situação dialógica.

Pesquisas recentes sobre aquisição de linguagem de abordagem sócio-interacionista têm procurado mostrar que o egocentrismo, detectado por Piaget e outros na linguagem das crianças pequenas, pode ser estudado de um outro ponto de vista.

Carugati et alii (1982), por exemplo, argumentam que crianças muito pequenas (desde o sensório-motor) já demonstram um comportamento engajado em trocas comunicativas com um interlocutor. Essa capacidade precoce para a tomada de turnos representa, para os autores, que o egocentrismo e a incapacidade de descentração não existem, quando se considera o desempenho conversacional dos indivíduos desde tenra idade. Deste modo, os autores propõem uma inversão da posição piagetiana: ao invés de se colocar desenvolvimento cognitivo e desenvolvimento social numa relação paralelística, eles propõem que o cognitivo muitas vezes avança como decorrência de fatores sociais, tal como a capacidade para comunicar-se adequadamente. Dizem eles:

> "Em outros termos, a interação social resulta profícua para o desenvolvimento cognitivo, na medida em que permite a tomada de consciência dos diferentes pontos de vista (das diferentes respostas) podem ocorrer outras respostas". (p. 92)

O ponto de vista que estou defendendo aqui, qual seja a proposta de que existem caminhos alternativos que levam a níveis meta de funcionamento, segue uma argumentação semelhante: a meu ver, o conhecimento acerca da pragmática do discurso (pragmática entendida aqui no seu sentido mais amplo, que inclui o conhecimento do funcionamento do discurso enquanto atividade de interação social, com todos os seus fatores, ou a competência comunicativa), pode sofisticar-se a tal ponto, nos indivíduos, que leva a um metaconhecimento, independentemente do fato de esses indivíduos serem alfabetizados ou escolarizados.

Em termos mais específicos, a proposta acima significa que outros sistemas de conhecimento competem com a instrução formalizada, que é passada via escolarização, e com o conhecimento abstrato advindo do uso da escrita em situações substitutivas da língua oral (por exemplo: escrever uma carta, ao invés de ter uma conversa pessoal com alguém). Especificamente, neste trabalho, sugiro que o conhecimento pragmático sobre o funcionamento do discurso pode vir a ser um caminho alternativo para os metaníveis.

No entanto, conforme afirmei atrás, apesar de ser alternativo, não é compensatório.

Isto significa que a natureza do produto é de outra ordem. Deste modo, parece apropriado propor, além de metaníveis hierárquicos, também escalas diferentes de metaníveis, as quais se organizariam de acordo com a natureza do conhecimento que lhes deu origem.

Em termos de formalização teórica, seria preciso propor pelo menos duas formas alternativas (não competitivas) como explicação possível aos fatos acima expostos: uma delas, baseada nos pressupostos piagetianos, explicaria a aquisição do nível meta pela evolução das estruturas lógico-matemáticas até o estágio operatório-formal, o que significa atingir uma estrutura cognitiva, cujo espelho externo é a lógica. Estariam aqui incluídos grupos sociais alfabetizados e escolarizados, que não estivessem marginalizados dos modos de produção.

A segunda teoria explicativa, a qual, que eu saiba, não foi formalizada ainda, deveria propor um modelo de desenvolvimento baseado no conhecimento da pragmática, do funcionamento do discurso, na construção conjunta do significado emergente etc. Esta segunda teoria deveria, inclusive e necessariamente, explicar o aparecimento de níveis meta de funcionamento, e sua característica "sui generis", diferente dos níveis meta atingidos via desenvolvimento do raciocínio lógico. Obviamente, deveriam estar inclusos, nessa teoria, mecanismos socioculturais alternativos à escolarização e à alfabetização, ou melhor, mecanismos que considerassem mais a competência social e comunicativa das pessoas do que sua competência cognitiva. Uma inclusão dos quadros de referência, que proponho neste trabalho, no capítulo II, bem como de uma interação dialética entre eles, também me parece adequada para a formalização dessa proposta.

Escrita e oralidade: valor e preconceito

"Já morreram, a mãe e os dois irmãos. É tarde demais também para lembranças. Hoje já não os amo. Não sei mesmo se os amei. Eu os abandonei. Não tenho mais na mente o cheiro de sua pele nem nos olhos a cor dos seu solhos. Não me lembro da voz, a não ser às vezes da voz doce com a fadiga da noite. O riso, não o ouço mais; nem o riso, nem os gritos. Tudo acabado, não me lembro mais. Por isso escrevo sobre ela hoje com tanta facilidade; escrevo longamente, detalhadamente, ela se transformou em escrita" (Duras, 1985, p. 33).

Marguerite Duras sintetiza em dois momentos, dentro da citação acima, o dilema escrita x oralidade. Diz ela: "Tudo acabado, não me lembro mais". E acrescenta: "Por isso escrevo... ela se transformou em escrita".

Ao contrário da visão tradicional, que aprega a superioridade da língua escrita sobre a oral exatamente porque a primeira permite a permanência do objeto no tempo, a visão de Duras a respeito da escrita mostra o processo de apagamento do sujeito que *sente* pelo sujeito que *escreve*. As emoções, as experiências pessoais, os episódios autobiográficos se transmudam, solidificam-se, congelam-se, quando são colocados em forma escrita. O sujeito-escritor não é nunca idêntico ao sujeito-oral. E o objeto da escrita nunca coincide com o objeto da oralidade.

Há uma alteração essencial que se processa nesse objeto quando da passagem de um primeiro para um segundo sistema de mediação, e essa alteração nem sempre traz conseqüências positivas.

É sobre isso que pretendo falar aqui: o que se perde quando uma simbolização de segunda ordem (a escrita) predomina sobre a de primeira ordem (oralidade); que é o que ocorre nas sociedades industrializadas. Por extensão, falarei também das perdas sofridas por grupos sociais não-alfabetizados, que estão inseridos nessas sociedades letradas, "evoluídas", industrializadas, e precisam compartilhar com elas práticas sofisticadas, alienantes e massificadoras, que, em sua grande parte, têm como veículo a escrita.

Uma das vantagens usualmente apontadas para valorizar as sociedades letradas é o seu desenvolvimento científico e tecnológico, que seria impossível sem a escrita. No entanto, esse desenvolvimento, no nível de uma análise histórico-social, não ocorre às custas de nada. Esse desenvolvimento, na verdade, aliena os indivíduos de seu próprio desejo, de sua individualidade, e, muitas vezes, de sua cultura e historicidade. A alienação é também um produto da escrita. Muitas vezes essa alienação vem de contrapeso aos avanços tecnológicos e a uma atitude cientificista assumida com relação a esses avanços.

É assim que grupos sociais ágrafos que vivem inseridos numa sociedade letrada são pouco a pouco destituídos de suas práticas. Em outro local (Tfouni, 1987), teço considerações a respeito de como os não-alfabetizados são desconsiderados "quando se coloca em pauta a produção e sistematização do conhecimento" (p. 53). No artigo em questão, afirmo que:

> "Na realidade, os 'avanços' tecnológicos, promovidos pela necessidade de industrialização e produção em larga escala de bens de consumo, têm solapado à inteligência prática técnicas alternativas, classificadas como 'inadequadas', 'instintivas', 'fruto de crendices' e outros rótulos impostos intencionalmente, com a finalidade de subtrair ao povo seu conhecimento e sua identidade" (p. 53).

A ciência, produto da escrita, e a tecnologia, produto da ciência, são, portanto, do ponto de vista aqui adotado, elementos reificadores, principalmente para aquelas pessoas que, por não serem alfabetizadas, não têm acesso ao conhecimento sistematizado nos livros, compêndios e manuais, o que configura "uma ruptura entre ciência e conhecimento comum" (idem).

Abrir mão do próprio conhecimento, em larga escala fundamentado no senso comum e em práticas culturalmente herdadas, é o preço que os não-alfabetizados, dentro das sociedades modernas, pagam para poder sobreviver, e, muitas vezes, subsistir.

Deste modo, a escrita, no mesmo movimento com que cria, também destrói. Não pretendo absolutamente negar, ou sequer diminuir a importância da escrita para o desenvolvimento do conhecimento e o aumento do bem-estar das sociedades. Apenas quero mostrar *o avesso do avesso do avesso*, como diria Caetano Veloso. Numa visão dialética, sempre que se ganha, também se perde algo. É do ponto de vista da perda que me situo. E o trabalho desenvolvido aqui serve muito bem para mostrar como tem sido etnocêntrica e preconceituosa a maneira de explicar e estudar a mentalidade "primitiva". Por extensão, creio que mostrei que os sujeitos não-alfabetizados aqui estudados espelham, em seu discurso, sua história, bem como a existência de caminhos e modos de funcionamento cognitivo que não são "menos", nem "piores"; são, antes, diferentes e alternativos, por serem, tal como os dos letrados, produtos histórico-culturais.

Se é verdade que os discursos têm embutidos em si papéis sociais, que são alocados (e aceitos ou não pelos interlocutores), então o que este trabalho nos mostra é exatamente a relutância dos não-alfabetizados para aceitar a forma pronta do silogismo, exatamente devido ao "científico" inscrito no mesmo, com o qual não querem compactuar por ser de natureza diferente do "científico" específico de sua cultura. No fundo, esses indivíduos parecem recusar-se a ecoar, e a se constituírem como sujeitos responsáveis por um discurso estranho e deslocado do seu cotidiano, de suas crenças, de suas práticas... A lógica termina subvertida pelo senso comum, pelos sincretismos, pela atividade metaprocedimental.

Do ponto de vista da explicação teórica, somos remetidos novamente ao capítulo II, no qual mostro que o plano da experiência pessoal está constantemente em estado de tensão com relação ao discurso mais formalizado. A objetividade total é uma farsa. E para os sujeitos aqui estudados, essa farsa ficou muito aparente, na medida em que, em um contexto entendido como conversacional, começam a ser introduzidos silogismos. Além do mais, do ponto de vista dos sujeitos, a forma dos silogismos, pronta e fechada, deve ter sido sentida como uma maluquice da entrevistadora, mais ou menos algo parecido com aquilo que nós, "civilizados", "cientistas" e letrados, sentimos em presença de um esquizofrênico.

Watzlawick et alii (1973) tocam no cerne desse problema quando discutem o paradoxo fundamental da existência humana, que é assim formalizado:

"O homem é, em última instância, sujeito e objeto de sua busca. Conquanto seja improvável encontrar alguma vez uma resposta à interrogação sobre se a mente pode ser considerada algo semelhante a um sistema formalizado, (...) a busca humana de uma compreensão do significado de sua existência *constitui uma tentativa de formalização*" (p. 246, grifos do autor).

Em outras palavras, o que esse paradoxo nos transmite é o seguinte: não se pode atingir a objetividade total sem a experiência pessoal, mas a experiência pessoal não tem espaço para a objetividade total. A inserção da subjetividade é algo inevitável, e, deste ponto de vista, não existem meios *e* fins; antes, talvez se pudesse dizer que existem sempre *meios* que, dentro de uma visão pontual, *podem parecer fins*, ou ser tomados como tal, para efeitos acadêmicos.

O ponto de vista teórico

"Para uma resposta que não pode ser expressa, tampouco a pergunta pode ser expressa. O *enigma* não existe (...) Sentimos que, mesmo se respondêssemos a *todas as possíveis* perguntas científicas, mesmo assim, os problemas da vida continuariam intocados. É claro, não restará então pergunta alguma e esta é precisamente a resposta" (Wittgenstein, 1951, p. 187, citado em Watzlawick et alii, op. cit., p. 248).

O modelo da lógica formal espelha o funcionamento intelectual do homem? Esta é uma pergunta que, do ponto de vista dos dados e argumentos aqui mostrados, não pode ser respondida afirmativamente em definitivo, visto que, do ponto de vista de uma abordagem pragmática, do funcionamento do discurso, alguns pontos básicos das propostas piagetianas sobre o desenvolvimento cognitivo ficam subvertidos e tornam-se questionáveis. Vejamos quais são eles.

Piaget coloca a lógica formal como o correspondente, no mundo exterior, às estruturas totalmente adaptadas da inteligência do indivíduo.

Tal como a lógica formal, então, essas estruturas caracterizam-se principalmente por dois fatores: a *reversibilidade* e a *descentração*. Quando atinge o estágio operatório formal, o indivíduo, cognitivamente equilibrado, consegue atingir a descentração geral e reversível. Por este motivo, consegue considerar todas as coordenadas relevantes para a solução de um problema, sendo bem-sucedido em testar várias hipóteses, sem perder de vista seu ponto de partida inicial.

Essas operações formais, para Piaget, só têm sentido dentro de um modelo de funcionamento cognitivo que, como já disse, tem sua contrapartida externa nas operações da lógica formal. Por que o modelo da lógica formal?

A formalização extrema do conhecimento, a "verdade" científica, a objetividade a qualquer preço: é isto que se obtém como resultado da adoção do modelo da lógica formal. Dentro desse modelo, cujo paradigma prevê um final pronto e acabado a ser atingido, não tem valor o subjetivo, o experimental, e muito menos a criatividade científica, a liberdade para questionar e (tentar) mudar o objeto formalizado, produto do conhecimento "lógico". Buck-Morss critica o fato de a lógica formal servir como "paradigma cosmológico" e como determinante das noções de realidade e verdade (1975, p. 38), visto que essa lógica (e o conhecimento abstrato que ela refletiria) tem servido, ideologicamente, às sociedades capitalistas e aos meios de produção característicos delas.

Cabem, então, neste momento, as seguintes perguntas: Por que a lógica formal? Por que não a pragmática do discurso? Uma das contribuições deste trabalho, segundo meu ponto de vista, foi ter mostrado que a ótica pela qual se têm examinado os processos cognitivos dos não-alfabetizados pode ser mudada: em lugar de observar os enunciados, ou os produtos do pensamento em geral — como fazem Luria (op. cit.); Scribner (op. cit.) e Scribner e Cole (op. cit.), por exemplo — pode-se, alternativamente, tomar o sujeito do discurso e a enunciação como lugares privilegiados onde o funcionamento intelectual (também) pode ser detectado e investigado.

Para essa substituição do produto pelo processo, enquanto objeto de análise, a metodologia e os postulados teóricos das teorias da enunciação, bem como alguns conceitos da análise do discurso, mostraram-se extremamente produtivos, visto que possibilitaram, entre outros aspectos, que a situação fechada de testagem pudesse ser considerada como um discurso. Isto permitiu que fatos como os sincretismos pudessem ser alçados como objeto de análise.

Este trabalho mostrou ainda que a abordagem centrada na pragmática do discurso é rica o suficiente para que sejam trazidos à tona alguns processos cognitivos de adultos não-alfabetizados que não haviam ainda sido detectados pelos pesquisadores que se têm ocupado do problema. Isto possibilitou que o estudo das relações pensamento-linguagem aparecesse como um lugar onde o não-alfabetizado deixa de ser um "não", e passa a ser um "sim", ou um "também".

Referências bibliográficas

ARONOWITZ, S. *The Crisis in Historical Materialism: Class, Politics and Culture in Marxist Social Theory.* New York: Praeger, 1981.

BUCK-MORSS, S. "Socio economic bias in Piaget's Theory and its implications for cross-cultural studies". *Human Development*, 18, 1975, pp. 35-49.

CARUGATI, F.; PAOLIS, P. de e PALMONARI, A. "Illusione egocentrica o capacità di decentrarsi?". In L. CAMAIONI (ed.). *La Teoria di Jean Piaget: Recenti sviluppi e applicazioni*, Giunti Bauberá: Firenze, 1982, pp. 86-101.

CERTEAU, M. de *A invenção do cotidiano.* Petrópolis: Vozes, 1999.

COLE, M. "Foreword", In: LURIA, A. R. *Cognitive Development: Its Cultural and Social Foundations.* New York: Cambridge University Press, 1977.

COPI, I. M. *Introdução à Lógica.* São Paulo, Editora Mestre Jou, 1974.

CLAPARÈDE, E. *Archives de Psychologie*, v. 7, 1907, p. 195 (nota).

DÄHL, O. "On generics". *Logical Grammar Report 6*, University of Gothenburg, Dept. of Linguistics, 1972.

DARRAULT, I. "Présentation". *Langages*, n. 43, pp. 3-9.

DASEN, P. R. "Preface". In DASEN, P. R. (cd.). *Piagetian Psychology: cross-cultural contributions.* New York: Gardner Press, 1977.

DE LEMOS, C. T. G. "Teorias da diferença e teorias do déficit: Reflexões sobre programas de intervenção na pré-escola e na alfabetização", mimeo., 1983.

DUBOIS, J.; GIACOMO, M.; GUESPIN, L.; MARCELLESI, C.; MARCELLESI, J. B. e MEVEL, J. P. *Dicionário de Lingüística*. São Paulo: Cultrix, 1978.

DUCROT, O. *Dire et ne pas Dire*. Paris: Hermann, 1972.

_____. *Princípios de Semântica Lingüística*. São Paulo, Cultrix, 1977.

DURAS, M. *O Amante*. Rio de Janeiro: Nova Fronteira, 1985.

ELKIND, D. *Crianças e adolescentes*. Rio de Janeiro: Zahar, 1972.

FINNEGAN, R. "Literacy versus Non-literacy: The Great Divide?". In: HORTON, R. and FINNEGAN, R. (eds.). *Modes of Thought*. London: Faber & Faber, 1973.

FLAHAULT, F. "Le fonctionnement de la parole", *Communications: La conversation* 30, pp. 71-79, 1979.

FLAVELL, J. H. *The Developmental Psychology of Jean Piaget*. New York, D. and Nostrand, 1963.

FREEDLE, R. O. "A projection of Klaus Riegel's Dialectical and Language interests into an Experimental Systems Approach". *Human Development*, n. 21, 1978, pp. 346-369.

GINZBURG, C. *O Queijo e os Vermes*. São Paulo: Companhia das Letras, 1987.

GIROUX, P. *Pedagogia Radical*. São Paulo: Cortez, 1983.

GOODY, J. (ed.). *Literacy in Traditional Societies*. New York: Cambridge University Press, 1968.

_____. *The Domestication of the Savage Mind*. New York: Cambridge University Press, 1977.

GOODY, J. e WATT, I. "The consequences of literacy". In: GOODY, J. (ed.), *Literacy in Traditional Societies*. New York: Cambridge University Press, 1968.

GOUGH, K. "Implications of literacy in traditional China and India". In GOODY, J. (ed.). *Literacy in Traditional Societies*. New York: Cambridge University Press, 1968.

GRICE, H. P. "Logic and Conversation". In: COLE, P. e MORGAN, J. L. *Syntax and Semantics*, v. 3: *Speech Acts*, New York, Academic Press, 1975.

GUIMARÃES, Eduardo R. J. *Modalidade e Argumentação Lingüística*. Tese de Doutoramento, Universidade de São Paulo, 1979.

HEMPEL, C. G. *Filosofia da Ciência Natural*. Rio de Janeiro: Zahar, 1981.

HORTON, R. "African Traditional Thought and Western Sciences", em B. A. Wilson (ed.), *Rationality: The Key-Concept in Social Sciences*. New York: Harper and Row Publ., 1970.

KARMILOFF-SMITH, A. "Does metalinguistic awareness have any function in language acquisition processes?", ms., s/d.

LURIA, A. R. *Cognitive Developmental: Its Cultural and Social Foundations.*, Cambridge: Harvard University Press, 1977.

_____. *Curso de Psicologia Geral* (v. IV): *Linguagem e Pensamento*. Rio de Janeiro: Civilização Brasileira, 1979.

LYONS, J. *Semantics* (v. 11). New York: Cambridge University Press, 1977.

MALINOWSKI, B. "O problema do significado em Linguagens Pimitivas". In: OGDEN, C. K. e RICHARDS, I. A. *O Significado de Significado*. Rio de Janeiro: Zahar, 1976.

MILLER, G. A. "Practical and lexical knowledge". In: JOHNSON-LAID, P. N. e WASON, P. C. (eds.). *Thinking: Readings in Cognitive Science*. New York: Cambridge University Press, 1977.

OCHS, E.; SCHIEFFELIN, B. B. e PLATT, M. L. "Propositions across Utterances and Speakers". In: OCHS, E. e SCHIEFFELIN, B. B. (eds.). *Developmental Pragmatics*. New York: Academic Press, 1979.

ONG, W. J. *Orality and Literacy*. New York: Methuen, 1982.

ORLANDI, E. P. "Tipologia de discurso e regras conversacionais". In: ORLANDI, E. P. *A Linguagem e seu Funcionamento*. São Paulo: Brasiliense, 1983; Pontes Editores, 1987.

ORLETTI, F. "Some methodological problems in data gathering for discourse analysis". *Journal of Pragmatics*, n. 4, v. 8, August, 1984, pp. 559-567.

PIAGET, J. "Écrits Sociologiques". *Révue Philosophique de la France et l'Etranger* 53,3/4, 1928a, pp. 161-205.

_____. *Judgement and Reasoning in the Child*. New York: Harcourt, Brace, 1928b.

_____. *La Psychologie de l'Intelligence*. Paris: A. Colin, 1947.

_____. *The Origins of Intelligence in Children*. New York: International University Press, 1952.

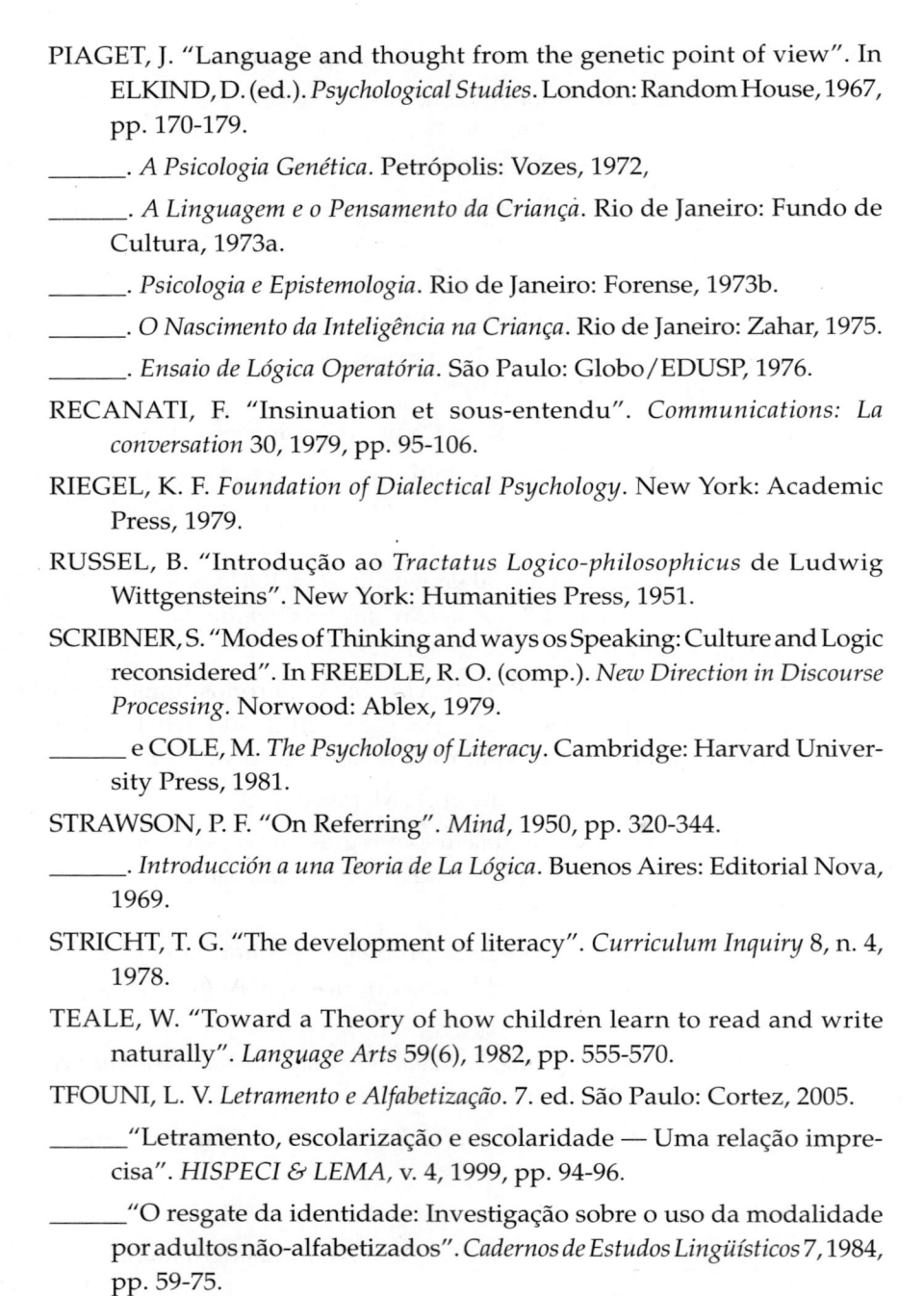

PIAGET, J. "Language and thought from the genetic point of view". In ELKIND, D. (ed.). *Psychological Studies*. London: Random House, 1967, pp. 170-179.

_____. *A Psicologia Genética*. Petrópolis: Vozes, 1972,

_____. *A Linguagem e o Pensamento da Criança*. Rio de Janeiro: Fundo de Cultura, 1973a.

_____. *Psicologia e Epistemologia*. Rio de Janeiro: Forense, 1973b.

_____. *O Nascimento da Inteligência na Criança*. Rio de Janeiro: Zahar, 1975.

_____. *Ensaio de Lógica Operatória*. São Paulo: Globo/EDUSP, 1976.

RECANATI, F. "Insinuation et sous-entendu". *Communications: La conversation* 30, 1979, pp. 95-106.

RIEGEL, K. F. *Foundation of Dialectical Psychology*. New York: Academic Press, 1979.

RUSSEL, B. "Introdução ao *Tractatus Logico-philosophicus* de Ludwig Wittgensteins". New York: Humanities Press, 1951.

SCRIBNER, S. "Modes of Thinking and ways os Speaking: Culture and Logic reconsidered". In FREEDLE, R. O. (comp.). *New Direction in Discourse Processing*. Norwood: Ablex, 1979.

_____ e COLE, M. *The Psychology of Literacy*. Cambridge: Harvard University Press, 1981.

STRAWSON, P. F. "On Referring". *Mind*, 1950, pp. 320-344.

_____. *Introducción a una Teoria de La Lógica*. Buenos Aires: Editorial Nova, 1969.

STRICHT, T. G. "The development of literacy". *Curriculum Inquiry* 8, n. 4, 1978.

TEALE, W. "Toward a Theory of how children learn to read and write naturally". *Language Arts* 59(6), 1982, pp. 555-570.

TFOUNI, L. V. *Letramento e Alfabetização*. 7. ed. São Paulo: Cortez, 2005.

_____ "Letramento, escolarização e escolaridade — Uma relação imprecisa". *HISPECI & LEMA*, v. 4, 1999, pp. 94-96.

_____ "O resgate da identidade: Investigação sobre o uso da modalidade por adultos não-alfabetizados". *Cadernos de Estudos Lingüísticos* 7, 1984, pp. 59-75.

TFOUNI, L. V. "A Inteligência Prática e a Prática da Inteligência". *Arquivos brasileiros de Psicologia*, v. 39, n. 3, jul.-set., 1987, pp. 44-56.

TOULMIN, S. E. *The Uses of Argument*. New York: Cambridge University Press, 1958.

VALVERDE, J. M. *História do Pensamento*, v. I, fasc. 1, São Paulo: Nova Cultural, 1987.

VYGOTSKY, L. S. *Pensamento e Linguagem*. Lisboa: Ed. Antídoto, 1979.

_____. *A Formação Social da Mente*. São Paulo: Martins Fontes, 1984.

WATZLAWICK, P.; BEAVIN, J. H. e JACKSON, D. D. *Pragmática da Comunicação Humana*, São Paulo, Cultrix, 1973.

WILSON, D. e SPERBER, D. "Remarques sur l'interprétation des énoncés selon Paul Grice". *Communications: La conversation 30*, 1979, pp. 80-94.

WITTGENSTEIN, L. *Tractatus Logico-Philosophicus*. New York: Humanities Press, 1951.

LEIA TAMBÉM

LETRAMENTO E ALFABETIZAÇÃO
Leda Verdiani Tfouni
Coleção Questões da Nossa Época, vol. 47
7ª edição 2005
ISBN 85-249-0575-1

Os estudiosos do letramento procuram responder às seguintes questões básicas:
- que mudanças sociais e discursivas ocorrem em uma sociedade quando ela se torna letrada?
- grupos sociais não-alfabetizados que vivem em uma sociedade letrada podem ser caracterizados do mesmo modo que aqueles que vivem em sociedades iletradas?
- como estudar e caracterizar grupos não-alfabetizados cujo conhecimento, modo de produção e cultura estão perpassados pelos valores de uma sociedade letrada?

Os estudos sobre letramento, deste modo, buscam investigar as conseqüências da ausência da escrita no âmbito do indivíduo, mas sempre remetendo ao social mais amplo, isto é, procurando, entre outras coisas, ver quais as relações de poder e dominação que estão por trás da utilização restrita ou generalizada de um código escrito.

LITERACIA: TEORIA E PRÁTICA

Maria de Nazaret Trindade
1ª edição 2002
ISBN 85-249-0848-3

Compreender a possibilidade de articular múltiplas linguagens, que se interdisciplinarizam. Do neurológico ao psicolingüístico, do código ao processamento, da palavra pronunciada ao gesto, da leitura do silenciado, do desafio em criar estratégias que alimentem outras. Educar no singular, captando o global na diversidade plural – a tarefa da autora.

LÍNGUA E CONHECIMENTO LINGÜÍSTICO

Eni Orlandi
1ª edição 2002
ISBN 85-249-0877-7

À desejável construção de um método de leitura de arquivo contrapõe-se a espontaneidade da leitura que diz o que encontra e não vê o que não conhece. Que outro discurso espera ser dito, nessa relação, entre o que se passa no Brasil e o que se passa fora dele, quando pensamos a história de constituição de um saber sobre a língua relacionado à construção da própria língua naciona?

Impresso nas oficinas da
EDITORA PARMA LTDA.
Telefone: (011) 6462-4000
Av.Antonio Bardella, 280
Guarulhos – São Paulo – Brasil
Com filmes fornecidos pelo editor